Suger Love
給平凡的日子加點糖
妳決定「她時代」的甜度
女人守護幸福的十勺糖
廖唯真◎著

【編輯序】

妳，決定婚姻的甜度

一對普普通通的男女結婚了，生活卻不似想像得那麼美好——男人表現出了不滿，女人感覺到了乏味，這是最常見的夫婦模式，既說不上幸福，也談不上痛苦，無情無趣，令人窒息。

乏味，是婚姻的必經階段。

人常說，婚姻不是愛情的歸宿，幸福的婚姻才是。男人和女人構成了婚姻的世界，男人和女人的故事，也成了永遠說不完的話題。在日新月異的是時代，見慣了不幸婚姻的落幕，我們面對的婚姻似乎也只有兩種固有的結局——平淡的繼續或者激烈的分離。

因為，柔弱的小女人，不能忍受男人家世的平凡、生活的貧窮、花心的出軌……好強的大女人，不能忍受男人性格的娘娘腔、不合格的「賢內助」、賺不到銀子的「窩囊廢」……生活，讓所有女人算計人生、算計愛情、算計婚姻……她們把一切讓自己「心煩的」、「意亂的」、「偶然的」、「必然的」、「沒回報的」東西全部拋棄，甚至是婚姻。

可是，幸福的婚姻從來都不是生來就充滿甜蜜的，也不是真的緣分天定，更不是這樣時時算計、時時規避風險而促成的。曾經有一句話說得好，會經營，與誰結婚都幸福。懂經營，每段幸福都長久。

經營婚姻，最要不得的是接二連三的淚水，更要不得呼天搶地的吵鬧。婚姻原本就沒有什麼能夠長久保鮮的靈丹妙藥，女人能為婚姻做的恰恰便是作者廖唯真所想教妳的——為平凡的生活加點糖。從這一全新視角出發，本書透過服飾裝扮、飲食、家居、旅遊、紀念日、讀書、親情、事業、性等各個生活細節，架構起了一部女性小百科全書。

為自己的容貌加點「糖」吧！女為悅己者容，好容貌，好心情，還有頓時上漲的吸引力。為自己的住所加點「糖」吧！好環境，好生活，老公才會有家的感覺。為自己的食譜加點「糖」吧！留住男人的胃，才能留住男人的心。不時給生活來點小浪漫、小驚喜，不時來一次「離家出走」給婚姻來點小事故。開心時去大江南北看盡風景，無聊時看看美文舒緩內心、增加涵養。記住每一個值得紀念的日子，關愛每一個身邊的親人。平衡好事業和生活的天平，還可以偶爾來些小情調「勾引」

一下結婚多年的戀人……其實，美好的婚姻便源於此，決定婚姻長度和甜度的不是別人，正是妳自己！

不管是剛剛步入婚姻的年輕女性，還是已經在婚姻中遊歷多年身心疲倦的中年女士，或者正在經歷一些婚姻的不快，或者只是想為婚姻尋找點激情和浪漫的女人，總之，只要妳是女性，已婚或正在準備進入婚姻，都可以從本書獲得一些靈感，不僅讓自己活得開心，也讓身邊人感受到溫情和甜蜜，讓婚姻變得豐富多彩，充滿情趣。

廖唯真以女性細膩柔和的心態來觀察婚姻，分析婚姻中遭遇的種種冷漠、苦惱、反感和不幸。生活很平凡，婚姻需忍耐。幾乎每個女人在結婚時都會渴望婚姻是一盞長明燈，永久照亮自己的生活。

相信我，婚姻的甜度，只有妳自己能決定。

【作者序】

獲得幸福的關鍵和能力

許多名女人都說「我想做一個平凡的女人，渴望愛情甜蜜，婚姻幸福」。一個女人，不管有多麼偉大的事業和成就，似乎永遠擺脫不了對幸福婚姻的殷殷期盼。因為很多女人即使能夠掌控自己的事業和前程，也不能讓自己的婚姻比之前更幸福，這是她們極大的困惑。

時代的發展，女性的地位不斷提升，似乎，女人已經不需要男人了，當時代漸漸的步入「她時代」，那麼在婚姻中女性又怎麼能夠甘於平凡呢？「平凡的女人」，說起來簡單，可是，步入婚姻行列之後，又有多少幸福可言呢？

見多了在平淡乏味之中走向不幸的婚姻，聽多了由於厭倦而分手的故事，驀然回首，才發現追求幸福婚姻，並非想像得那麼簡單。

網路上有一個流行詞——「小確幸」，小而確實存在的幸福。比如，打開窗子看見晴空萬里，心情頓時開朗，就是一種小確幸。這樣的幸福隨處可見，又被隨處破壞，因為婚姻生活不是一個人的日子，而是兩個人甚至兩個家庭的組合，塞滿了人與人零距離相處時的煩瑣。從另一個意義上講，瑣碎的小事，構成了生活的大局，如何從這些瑣碎之中發現快樂、製造快樂，是一個女人能否從乏味之中獲得幸福的關鍵和能力。

幸福，不僅僅是一種感受，還是一種生活的能力——一種能夠影響它「甜度」的能力。

伴隨著十幾年的婚姻生活，伴隨著柴米油鹽的消磨，想必，在與老公的相處相伴中，有過甜蜜，有過痛苦，也有過莫名的驚喜，從熱戀時的甜蜜無比，到婚姻之後越來越乏味，直至彼此生厭，了無情趣，女人追求的幸福婚姻，變成了苦悶日子。太多女人在經歷這樣的婚姻過程，讓生活平淡到底，無滋無味，最終帶著對幸福婚姻的幻想和一身的落寞走出「圍城」。

其實，這些女人們不懂的一個道理是——女人，有追求幸福的權利，也有為婚姻保鮮的義務。

有人說過，婚姻是一鍋湯，妳往裡面添加什麼，它就是什麼滋味。很奇怪的是，女人總在抱怨男人對婚姻心不在焉，卻很少思考自己在婚姻中的地位和作用。其實，在這個女性地位極大提升的時代，主導婚姻走向的——不是男人，而是女人。女人才是婚姻和家庭的絕對主角，是婚姻之湯的烹調者，妳往裡面加糖，它就是甜的，妳往裡面加醋，它就是酸的，妳往裡面加辣椒，它便無疑是辣的。

因為當妳將自己和家庭都打理得完美時，妳的生活就會很幸福。沒有什麼緣訂今生的謊言，能夠幫助妳獲得幸福婚姻的唯一法寶就是妳自己。

不想婚姻太乏味，不想日子太苦惱，就該多動動腦子想想辦法，就要去追求生活的甜度，給婚姻生活加點糖。畢竟，每個女人都在懷念那些與老公甜蜜相處的日子，與其沉浸在回味無窮的想像之中，不如從身邊瑣事入手，給老公一份驚喜，給老公一點快樂，衣食住行，看似簡單，實則構成生活的全部內涵，當妳煥然一新出現在他面前時，他會有完全不同以往的感受。

「她時代」的婚姻，女性想要更幸福，就必須懂得經營婚姻，善於經營婚姻。只要妳肯為婚姻加糖，婚姻一定會回報給妳甜蜜和幸福。

第一勺糖

美出的「繽紛世界」

——幻化治豔容顏，變身「精裝」佳麗

女人不「美」，男人後悔

男人好色，這是女人給男人下的定義，在女人眼裡，男人都是花花公子，見一個愛一個，尤其是漂亮女人，對他們極具殺傷力。女人的這一發現，往往是在婚後，往往也深感後悔，覺得男人騙了自己，認為他不再愛自己了。

其實，女人發現男人好色，本不是壞事。食色性也，古已有之的道理，男人骨子裡好色，是人性使然。既然知道男人喜歡「色」，為什麼不扮給他看呢？

「色」，並非一定是其他女人，一個漂亮的老婆，會讓男人更有自信，更有激情，也會讓平凡的日子充滿情趣，甜蜜有加。

與女人不同的是，男人很少說出心裡話。哪怕老婆真的不「美」，他也只是在心裡想想而已，很少主動說出口。尤其是婚後，漂亮可愛的老婆卸下「偽裝」，恢復原貌，這時，他會忽然產生一種有苦說不出的感覺。

前些日子，一對好友夫婦來家裡作客，他們結婚只有三年多，孩子才一歲。記得當初他們戀愛時，秀不盡的恩愛，惹無數女友閨蜜羨慕、嫉妒、恨。可是如今的夫妻生活，讓他們各自品嚐到了乏味和無奈。

女友訴說老公的種種不是，什麼不做家事、不理孩子，還在外面沾花惹草，沒有盡到為人夫、為人父的責任等等。男方聽了，一點也不買帳，反而指責老婆懶惰、邋遢，什麼都不會做，道道地地一個黃臉婆。

不到三十歲的少婦怎麼成了老公眼裡的黃臉婆？

女友顯然很生氣，把孩子往老公懷裡一塞，說：「沒辦法跟你過下去了。」

這也許是數不清的平凡夫妻的生活片段了，男女互相抱怨，覺得對方虧欠了自己，認為自己的付出不值得。

我雖很想幫助他們，卻覺得無從下手。

女友並不怎麼漂亮，又不善打扮。可是所謂的情人眼裡出西施，當初，男方不知道哪一眼看上了她，認定了她，就把她當作完美女神一樣追求。如今，女神成了女僕，所有的光環消褪，只留下俗人眼中的普通主婦形象，落差之大，恐怕讓他很難平靜接受。

這能怨誰呢？怨又有何意義？

與其「怨」，倒不如想辦法積極改變目前的局勢，讓彼此之間的情感升級。

一個不「美」的老婆，註定讓男人心生不滿，感到遺憾。那麼，就想法讓自己變「美」，變漂亮，成為他心中真正的女神，以滿足他的好色之心。

俗話說，世上沒有醜女人，只有懶女人。積極行動起來，為自己增光添彩，為婚姻注入新鮮、刺激的元素，讓老公從此對妳刮目相看，這才是聰明女人應該選擇的出路。

女人發現男人好色，這不是壞事，不要抱怨和痛恨，投其所好，才是女人的最佳選擇。俗話說江山易改本性難移，何苦糾纏男人好色的天性呢？

「美」是視覺的享受，守著一個漂亮老婆，男人更自信，也更有幸福感。

「世界上沒有醜女人，只有懶女人」。懶女人會因為種種原因，不重視自己的打扮，不管在家裡還是在外面都邋邋遢遢。好像她們真的不知道，每一個男人都希望自己有一個漂亮的、得體的妻子出現在宴會、家庭聚會、親朋好友面前。

事實上是，沒有哪個男人希望自己的妻子是個不修邊幅的黃臉婆。不僅如此，邋遢的女人還會給人消極的印象，無法展現出一個女人積極樂觀的一面。所以，女人不要懶散，要學會打扮自己，勤於修飾自己的容顏。比如為自己買身合體的衣服，進美容院修修眉、做做美容，都是十分必要的。這不但能使自己漂亮起來，尋找到青春的氣息，保持一顆年輕的心態，還有利於培養自信，展現自我。

打開幸福之門

美麗的女性實際上是詩人，她能馴服野蠻的同類，在她周圍的人們心裡播下溫情、希望和雄辯的種子。

善變的風情，不變的性情

身邊不乏這樣的女人，一旦結婚後，好像進入了固定的生活模式之中，從穿衣打扮到日常行為，年年月月沒什麼變化，「一成不變」成了她們的生活準則。乍看起來，這沒有什麼不好，有時她們還會為自己辯解：「一天到晚又要上班又要做家事，誰有那麼多工夫變來變去的？這樣省事多了！」

這固然省了許多心思，卻不知不覺多了許多沉悶。

女人，難道天生不愛動腦，不喜歡變化嗎？

記得結婚前，笑笑是我們姐妹中比較愛打扮的，時尚而且漂亮，每每有了什麼新款式的服裝、鞋子，她總會第一個知道，每每有了什麼活動、演唱會之類的，她也特別踴躍積極，那時我很佩服她，覺得她精力充沛，愛玩愛鬧，正因為此，她成功吸引了一位性格略顯「悶」的富二代，並把自己嫁出去。

在我看來，婚後的笑笑一定還是繼續自己的活躍路線，將家庭生活搞得熱熱鬧鬧。不料，婚後沒幾年，笑笑就變成了一個老氣橫秋的家庭主婦，那天我見到她時，她穿著一身過時的服裝，拎著一個帆布袋子正在買菜，滿臉世俗氣，渾身油煙味，讓我詫異極了。與她寒喧，她沒有多麼熱情，反而兩眼離不開小販的秤桿，唯恐少了她一兩二錢的菜葉。

後來，我從朋友那裡得知，笑笑嫁過去後，由於家庭變故，富二代的生活並沒有享受到，只是和普通人一樣，過著朝九晚五的職業生涯。在平凡且瑣碎的日子裡，她的性情大變，再也沒有年輕時的活潑自信，而是像打了霜的茄子，日漸枯萎。

有些要好的姐妹也曾約著笑笑逛街、購物、遊玩，可是笑笑一句話擋回去：「天天又要工作又要做家事，哪有時間玩？」

姐妹說：「這不是玩，這是自我提升。懂嗎？像妳這樣一天到晚忙碌，早晚會變成男人眼裡的黃臉婆。」

笑笑不以為然：「我就是黃臉婆，又怎麼樣？這樣的現實條件就該過這樣的日子！」

看來她預設了這樣的生活狀態，也不想做出任何努力去改變。

又過了不久，傳出笑笑老公的緋聞，對方是一位作生意的時髦女人，因為業務關係，需要笑笑老公幫忙，一來二去，兩人有了曖昧之情。

笑笑大哭，罵老公是個負心漢，辜負了自己多年的辛勤付出。她說的一點也沒錯，她為了家庭可謂鞠躬盡瘁，但這只能說明她的勤奮愛家，又怎能衡量她與老公之間的感情深度呢？

愛情是個奇怪的東西，來得突然，去得也莫名其妙。婚姻不是愛情的墳墓，只是太多女人走進婚姻，就懶得再去經營愛情。夫妻的感情需要維護，需要更新。要想感情常新，首先要給他常新的感覺。

一代巨星赫本在《窈窕淑女》中扮演的賣花女，一出場時，給人的印象並不怎麼好。可是在語言學教授調教下，她變得光彩照人，性感無比。這前後的變化原因在哪裡？還是那副五官，還是那副身材，為什麼前後懸殊迥異？在教授調教下，她有了自我意識，有了自信，美麗而神秘。

換句話說，女人在婚姻中，要善於常變常新。變，才能讓生活有新意，才能讓女人在平淡之中保持新鮮；變，才能讓生活不落俗套，充滿情調；變，才能讓女人多彩多姿，嫵媚有活力；變，才會風情萬種，永遠吸引男人的目光和愛心。

美麗三色糖

風情萬種，是一個女人性感的極致表現。

何以「萬種」？唯有「多變」！

首先要有變化之心。常變常新，才能給婚姻新鮮之感。這不是說女人不專情，也不是一味滿足男人的需求和慾望，對女人來說，哪怕妳獨自生活，也該懂得保養自己的青春，樹立個人的形象，讓生活充滿新意。

其次，要有變化之勇氣。一些女人認為追求變化，就是對婚姻不忠，是走「歪門邪道」，而一成不變過日子，才是「顧家愛家」，其實，這是為婚姻埋下了一顆定時炸彈。枯燥乏味是婚姻的最大殺手。

婚姻需要保鮮，需要女人具備常變常新的能力，給平淡無奇的家庭生活增添活力。比如，適時更換家庭裝飾、變換飲食調劑、節日與假日安排活動等，創意無限，幸福無邊。愛，是婚姻永恆的主題，讓愛永駐，女人必須學會做一個多彩多姿、充滿情調的女人。

打開幸福之門

如果一個女人毫無虛榮心，絲毫不因自己的吸引力而欣喜，那她就將因此而失去吸引力。

用細節增值魅力

那天乘坐捷運時，身邊一個看起來很漂亮的女人吸引了我，她膝上放著一本質感不錯的書，神色平靜、身無外物地閱讀著。她隨意紮起的頭髮垂在腦後，光潔自然……忽然，她的手機響了，就在她的包包裡。在她打開包包翻找手機的時候，我無意中看到了一個凌亂不堪的世界——各種證件、零錢、紙巾、名片，散得到處都是，等她在雜亂無章的包包裡找出手機時，手機已經不響了，而她的包，不用說，比先前更亂得不堪入目。

忽然間，我失去了欣賞這位氣質美女的興趣，反而很替那個給她打電話的人抱不平：這樣一個女人，想必生活也不夠細緻，如果那個人是她老公，如果有什麼急事，會不會很著急？很無奈？

生活中有很多這樣的女人，乍看起來裝扮得很整齊很漂亮，可是追究細節就會發現漏洞百出，個人魅力大減。

好友蓉蓉是個愛美的女人，平日裡穿衣打扮一向都是走在時尚尖端，自以為是真正的氣質美女。

可是令她傷心不已的是，老公搞了外遇，還對她說：「那個女人好有魅力，我克制不住

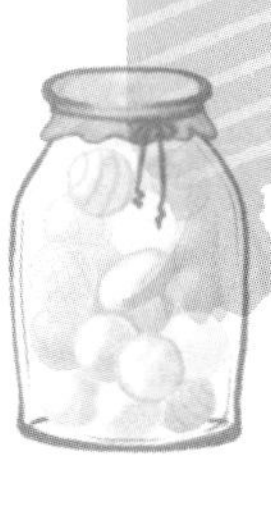

去愛。」

蓉蓉反問：「我就沒有魅力嗎？」確實，幾乎每個認識她的人都誇她漂亮有氣質，怎麼在老公眼裡的魅力不夠呢？

魅力來自於細節。蓉蓉是很美，也很注意打扮自己，可是她缺乏的是細節之美。她的身材不夠挺拔，可是她一向不喜歡運動，任憑歲月的鐵錘一日日將自己的脊背錘打變彎；她不愛收拾，床鋪時常是髒的，包包總是缺邊磨角，個人物品到處亂放。用她老公的話說：「妳放的東西，也有找到的時候嗎?!」今天找不到這個，明天找不到那個，老公成了跟在她背後擦屁股的人。

還有，蓉蓉是個慢性子，做什麼事都不緊不慢，晚點誤時的事情常有發生。就是跟老公在一起走路，也會很快落下一大截。

這樣的女人，縱然有漂亮的容顏，優雅的氣質，卻因為細節的缺憾，給自己的魅力減分。

聰明的女人不僅追求漂亮，更懂得如何用細節為自己增值魅力。

除了得體的穿著和妝容外，一個女人魅力的展現還表現在很多細節上。

比如，包包是女人的必備品，不是什麼樣的包包都可以背在肩上，大包包小包包、各種顏色的包包，應該與服飾搭配，與氣質搭配。梁詠琪在《向左走、向右走》中扮演了一個步入社會不久的新女性，隨身的大包包裡滿是書稿，滿是夢想的篇章。這個大包包就是一個很好的道具，為她擋風遮雨，為她儲存心事，這個包包完全符合她的形象。

婚姻中的女性，不是穿上一件名貴衣服就提高了身價，還有很多生活細節需要注意，挺拔的身姿、整潔的個人習慣、富有行動力的風格等等，都會為形象加分。

美麗二色糖

從形象入手，無論妳多大年紀，女人都是美麗的。穿比實際年齡小五歲的服裝，換一個時髦的髮型，走路步伐加大十五公分，加快速度，說話聲音大二十分貝，在走廊與旁人熱情地打招呼。

這些細節都會增值妳的魅力，幫妳建立自信的形象。

看過芭蕾舞演員表演的女人，都會羨慕她們的好身材，其實，好身材是練出來的。腳跟併攏，腳尖外開180度，成「一字」，或者背部緊貼牆站立。試試看，妳的身材也會逐漸挺拔有型。

注重細節，就要做一個細心的人，有人說瑪麗蓮．夢露在上鏡前，會檢查自己的每一根睫毛是否合適。正是這樣的追求細節，讓她保持著性感女神的地位，無人動搖。

打開幸福之門

本大王覺得全身上下，手腳清潔的重要性絕對能排進前三名，不過很多女生都忽略了這一點，還抱著反正最重要的是臉和身材，手腳保養放到最後有空才去做，有的女生更認為反正腳根本也看不太到，不用太費神去管它吧！如果我正好說中妳的心聲，就算妳的臉蛋再美，也不夠格稱作是美女啦。所謂的美女，是要連最細微的地方都很美，而且很講究保養才對啊！

迷人小妖養成計

蕭寒曾經對我說：「看到那些衣著鮮亮、談吐大方的女人，就會生出一絲自卑感。」她是個不錯的女人，不僅有著靚麗的長相，還有豐富的知識，出版過自己的作品，照說已經有了值得炫耀的資本，為何還有這種心理？

她說：「怎麼說呢？總是覺得同一件衣服，穿別人身上好看，穿在自己身上就不自在。」

事情就是這樣，越覺得為難越容易脫節，她漸漸地在穿衣打扮方面有了懼怕感，不敢打扮自己，甚至不敢試穿新衣服。

這種心理會影響到生活。蕭寒的老公是做外貿生意，經常接觸外商，還會出國洽談業務，他需要一位時尚得體、風姿迷人的妻子陪伴自己，但是蕭寒做不到。為了事業需要，老公只好請公司的其他女性作陪，時間久了，謠言多了，各種流言蜚語傳進耳中，蕭寒非常痛苦。

即便老公能夠堅守愛情，維護婚姻，可是日子也不能長期這樣下去，蕭寒認為這是自己的錯，是自己沒有守護好婚姻。

一個偶然的機會，給蕭寒的生活帶來了轉機。那次去參加宴會，在門口她看到一個徘徊的女人，好像要進去，但是又有些猶豫，她好心地過去詢問，才得知那個女人與她一樣，也是擔心自己的裝扮不夠好看，所以遲疑不前。蕭寒打量著她，看她身材苗條、妝容時尚，十分迷人的樣子，不禁脫口而出：「妳這麼漂亮還怕什麼？」說完，帶著那個女人走了進去。

在宴會上，蕭寒忽然放開了心胸，優雅地與人交談，放鬆地享受晚會的氣氛，過得特別開心。

之後，她對我說：「現在我明白了，只有自己才能救自己。」

她放棄了從前的做法，開始與時尚接軌，開始追求那些本該屬於自己的東西，從一個黃臉婆華麗轉身，變成了人人羨慕的美女。

有一次，老公準備去日本出差，蕭寒馬上著手研究日本流行服飾和妝容，並將自己進行了包裝和打扮。結果，老公帶她去日本後，她很受歡迎，那些日本客戶的夫人親切地稱讚她「迷人」、「可愛」，認為她是個很有眼光很時尚的女子。在她的參與下，老公的訂單一路飆升，業績大增。原來，當時日本流行「小妖女郎」裝扮模式，白皮膚、大眼睛、高高的捲髮髻，哪一樣蕭寒都沒有遺漏。

現在的蕭寒越來越會打扮，也越來越迷人。私底下老公悄悄說：「寶貝，妳真是我心裡最最可愛的小妖精。」

妖精，魔幻卻迷人，風騷又動感，是男人的致命最愛。一個妻子如果能從老公那裡獲得如此殊榮，說明他們的愛依然很深，甚至超越初戀，是一種性愛的昇華。

有人說，女人打扮就是給男人看的。出色的裝扮應該富有吸引力，令人心動，時裝設計師彼雅泊的座右銘是：穿衣搭配之間，自我個性完全表達。不一定多麼時尚，不一定多麼昂貴，展現自己的美麗，神采飛揚的出現在人前，令人眼前一亮，這就夠了。

美麗三色糖

迷人的女人會在下面這些地方下工夫。

第一，裝飾自己的性感特區，腳踝、耳垂、肩膀、後頸、手臂、鎖喉位等，這些地方十分敏感，十分引人注目。在腳踝部位帶條細腳鍊，或在耳垂吊個大耳環或小圓圈，或在手臂上帶個臂環或印個小刺青……等等，這些東西微不足道，卻能令女人的性感指數明顯飆升。

第二，貼身的牛仔褲。十之八九的牛仔褲廣告都是「賣」性感，不少女藝人在做完牛仔褲廣告後，性感指數會大幅上升，妳不妨探究一些其中的秘密？

第三，有一雙高跟涼鞋。男人喜歡凝望女人穿著涼鞋時裸露的腳踝、穿著高跟鞋時婀娜的姿態。性學專家直言不諱地指出，女性的腳踝和腳部是重要的性徵。實際上，很多女人已經把涼鞋和高跟鞋做為張揚腿部性感的武器，她們根本不介意男人的偷窺。

第四，會欣賞音樂彈奏或懂得跳舞。

第五，適當的異國情調。遙遠、野性以及神秘的色彩，對男人來說深具誘惑。穿戴一點富有民族特色的衣飾、梳理一種帶著野性的髮型，多一些遊歷，這些都是增添異國情調的手法。

第六，一張孩子氣的臉龐。「讓小孩子活在心底，」內心保持孩子般的好奇、天真與熱情，才能在眼神裡流露夾雜著純真及孩子氣的另類性感。碧姬・芭鐸、瑪莉蓮・夢露、麗芙・泰勒等等本身都很孩子氣及有張孩子臉，再配合其魔鬼般的身材，湊在一起便是Sexy as angel式的性感。

打開幸福之門

文明姑娘的一大部分是她的服飾——事情原應如此。某些文明禮貌的婦女如果沒有服飾就會失去一半的魅力，有些會失去全部的魅力。一個最大限度地打扮起來的現代文明的姑娘，是以精緻、優美的藝術和金錢造就的奇蹟。所有國家、所有地區和所有藝術都被貢獻出來，讓她打扮自己……女人，上帝保佑她！

穿出新韻味

在我的印象裡，大學時代的彤彤並不是一個追流行的人，幾乎所有的人都記得她那身樸素甚至有點落伍的著裝，外加一個黑邊眼鏡。但是彤彤並不在意這些，她喜歡學習，埋頭讀書，一整個書呆子的形象。

張文彪喜歡上了彤彤，共同的愛好和追求使他們相知相愛，最後走進婚姻的殿堂。

婚後十年，張文彪放棄了優厚的國企待遇，開始自己創業，創辦了一家電子企業。為了支持他，幫助他做事業，彤彤一改往日樸素的著裝，摘掉了眼鏡，染了頭髮，穿上時尚的衣服，從那以後，在很多社交場合、生意場上，人們所見到的彤彤是一個風姿卓越而又有著豐富內涵的女人。

隨著張文彪在生意上不斷進取，彤彤也漸漸為人們熟知，他們經常雙雙出現在當地各種媒體。

去年，張文彪當選為當地著名企業家，彤彤和他一起成為名人，正當他們的事業和生活蒸蒸日上時，卻傳出了張文彪的緋聞。所謂「好事不出門壞事傳千里」，這件事迅速成為人們茶餘飯後的話題。當然，人們最關注的還是彤彤的反應。

彤彤的表現出乎人們的意料，她沒有像潑婦一樣吵鬧，也沒有一蹶不振，面對各種質疑和誹謗，她很平靜，她用行動告訴人們，她和張文彪在大學裡相識，從認識的那天起就決定彼此的命運緊緊聯繫在一起，他們有共同的家庭、親人，還有一個可愛的女兒，不管命運如何捉弄，他們都會像戰友一樣親密無間。

這樣的言論顯示出她極高的素質和修養。這時的彤彤在妝扮方面，更是有了嶄新的表現，她知道，一個女人的精神面貌如何，在很大程度上決定著婚姻和家庭的走向，她不能給丈夫太多壓力，她要向人們證明，她過得很幸福，她和張文彪的婚姻不會被摧毀。

人的精神面貌是透過服飾裝扮展現的，彤彤清楚這一點，她每天都穿戴得大方而得體，還戴上了精緻的耳環，連指甲都精心地修剪，塗著時尚的淡紫色指甲油。她的服飾不見得多麼昂貴，但一定很有品味，給人知性而賞心悅目的感覺。

在一次生意宴會上，有人不懷好意地問她說：「聽說妳老公有了外遇？」

彤彤微微笑著回答：「你可是真是消息靈通，我都不知情的事，你卻說得這麼肯定！」

她的微笑，她從容的舉止，在精緻淡雅的妝容下，讓人感受到不怒自威的力量。

彤彤處亂不驚的表現，幫助張文彪度過了緋聞危機，也讓夫婦生活多了信任和依賴。張文彪談起這件事，總會非常佩服她，對她的裝扮也多了些關注，說：「這麼多年，都沒注意妳還這麼懂打扮，現在妳真是越來越漂亮啦！」

每天適度地打扮自己，學會化精緻淡雅的妝容，將自己打扮得像樣。最起碼要懂得出現在什麼場合穿著什麼服裝，不要鬧笑話。有一個辦法是隨時記得照鏡子，可以幫妳檢查一下著裝是否協調。如果時間太緊，就要提前做好著裝準備，比如睡覺前選好第二天穿的衣服。不要不捨得花時間裝扮自己，這是禮貌，也是展現自己的最佳方式。

生活在現代社會，可以漂亮卻不漂亮，註定是種浪費，打扮不但是給自己看的，也是給所有見到妳的人看的。設想一個女人如果素質不高，還穿著邋遢，或者裝扮很不搭調，或者過於妖豔招搖，都會令人倒胃口。

記住不要迷戀包裝絢麗的東西，也不要把自己打扮得過於絢麗。女人可以愛物質，因為離開物質誰也不能存在，但是一定要適當，永遠明白精神的重要性，比起名貴的服飾、香車、名錶，最珍貴最美麗的是妳自己。

打開幸福之門

造物主創造男人的時候，祂是一個校長的身分，祂的袋子裡裝滿了戒律和原則；可是祂創造女人的時候，祂卻辭去了校長的職務，變成了藝術家，手裡只拿著一枝畫筆和一盒顏料。

善於保鮮的女人

碎碎唸，幾乎是婚後女人的通病；碎碎唸，幾乎是夫婦雙方關係不和睦的最簡單因素。由女人的碎碎唸開始，婚姻不再浪漫、不再甜蜜、不再和諧，在男人眼裡，那個碎碎唸的女人與自己心目中可愛的妻子，顯然相去甚遠。

不再美麗、不再魅力、不再可愛的女人，怎麼可能經營一段幸福的婚姻？哪怕打扮得再妖嬈、再時尚，哪怕裝飾得再精緻、再漂亮，一個碎碎唸、缺乏自信的女人，也不會給人性感的印象，更不會勾起男人的激情慾望。也就是說，外在修飾可以讓一個女人變得漂亮迷人，但這還不夠，聰明的女人應該懂得內在修養的重要性。

調查顯示：67％的四十五歲以下的男人喜歡自信有能力的女人。這樣的女人在男人眼中的魅力指數會更高。自信來自於內養，善於內養的女人，會從各個方面打造自己、修練自己，將內在的智慧與外在的美觀結合，活出自我的風采。

眾所周知，《簡．愛》中的女主角就是憑藉獨特的人格魅力，打敗了那些花枝招展的貴族小姐，深深吸引了莊園主羅徹斯特。

現實生活中，也不乏這樣鮮活感人的例子。同事梅子和妹妹的人生境遇就很讓人感慨。梅子只比妹妹大兩歲，可是妹妹長得白皙漂亮，天生麗質，她呢，不僅皮膚黝黑，還深度近視，從小到大，只要兩人在一起，總會聽到人們不斷誇讚妹妹，而從沒有一句讚美送給她。妹妹是家裡的公主，吃、穿、用都要搶先，戀愛時更是千挑萬選，嫁給了一位家境好、工作好、長相好的富二代，簡直像坐上了幸福快車，風光無限。

梅子就不一樣了，雖然她喜歡讀書、富有知識，但並不引人注目，大學畢業後只是在公司做校稿工作，並嫁給了一位其貌不揚的男同事。

照說，姐妹倆過著完全不同的生活，妹妹應該「激流勇進」，姐姐會一如既往平凡到底。可是她們的婚姻生活卻出人意料，發生了驚天之變。

妹妹的婚姻並不幸福，儘管她終日把自己打扮得花枝招展，可是由於虛榮，追求物質享受，不注重自身修養提升，與老公之間的差距越來越大，於是碎碎唸、抱怨成了她的家常便飯。老公自然對她越發不滿，兩人的關係漸漸出現裂隙，婚姻搖搖欲墜。

梅子與妹妹相反，婚後依然保持愛學習、愛動腦的習慣，不僅工作兢兢業業，還利用業餘時間讀書寫作，涉獵外語、電腦科技、勵志、情感等很多內容。

書籍是人類靈魂的鑰匙。在書籍滋養下，原本不夠美麗的梅子煥發出了美好的氣質，讓人感覺到了書卷氣帶來的魅力。

養心可以養顏，一點也不假，腹有詩書氣自華，梅子的內心是充實的，她的世界是豐富的，她瞭解男人的心靈，知道男人需要什麼樣的關懷，從而可以真正打動男人，達到彼此在靈魂上的交融。

如今的梅子，事業有成，與老公恩愛甜蜜，日子過得非常精彩。回頭看看家庭、事業一團糟的妹妹，真是令人嘆息不已。

生活就是這樣，妳付出什麼，必然得到什麼。空洞的家庭主婦，再不抽出時間看看書，提升一下自我修養，恐怕連花瓶也沒有資格做了。

美麗三色糖

女人太漂亮了，忙於應付蜂圍蝶繞，必然缺乏獨立的時間去思考、去讀書、去做有價值的事情，只是把青春耗費在咖啡廳和電影院，除了喝一堆免費咖啡，看一堆免費戲外，沒有其他收穫。

所以，不要因為不夠漂亮而苦惱，這樣的妳恰恰有時間去做些有用的事情，最起碼，妳可以多去幾趟書店，感受書香的薰陶。

比如妳是空洞多年的主婦，就該每天抽出點時間看看書，不管是時尚、養生、健康、家庭，還是政治、外語、服飾、文學，這些書都可以涉獵，都可以豐富現在的妳。年齡大了，青春將逝，如果再不補充點內涵，恐怕連花瓶都沒有資格做了。

笛卡兒說：「讀一切好的書，就是和許多高尚的人說話。」

別忘了，床頭放本好書。

買錯了一件衣服，妳只會損失一些金錢，但是讀錯一本書，浪費的卻是時間和情趣，而且還失去了讀另一本好書的機會。

打開幸福之門

心地純潔的人，睡眠總是甜美的。半開的嘴唇露出一副好看的牙齒；散開的披肩，讓妳在花紗衫的褶襇底下注意到她可愛的胸部，而並不妨礙她的端莊。總之，這相貌完全表露出她童貞的靈魂多麼純潔，尤其因為沒有別的表情困擾，令人看得格外清楚。

對著鏡子為自己鼓掌

真沒想到，幾年不見，妮妮變得簡直認不出來了，從五官到身材，完全變了個人似的。那天同學聚會時，大家議論最多的就是她，看她高高的鼻樑、緊緻白皙的皮膚、凹凸有致的曲線，哪裡還是當年的醜小鴨。「真是女大十八變啊」！同學們暗地裡悄悄討論說。

妮妮滿臉笑意，看樣子，她應該十分享受當下的自己。

可是不久，傳出妮妮離婚的消息，難道她有了外遇？這是我的第一反應，美麗如她總不會招致老公嫌棄吧！

事實出人意料，妮妮的婚變還真是老公對她不滿。

原來，妮妮的美貌都是「做」出來的。她一直對自己的相貌耿耿於懷，每次見到神采飛揚的美女總會心生自卑，回家後就趴在鏡子前挑剔自己的五官。一來二去，她迷戀上了整容手術，今天墊高鼻樑，明天修修下頷，本來以為手術後會貌美無比，誰料她在鏡子前還是不能滿意，總覺得五官還存在問題，於是再次走進醫院。三番兩次的整容，花費了她所有的收入，也掏空了家裡的積蓄。但她沒有因此而信心倍增，反而越發不自信，每次照鏡子，都能發現很多很多需要修復的地方。可以說，她完全走進了一個整容惡性循環。

這樣的日子誰能忍受得了？老公在多次勸說她無果的情況下，提出了離婚。

女人，都希望有一面魔鏡，就像白雪公主的繼母一樣，可從鏡子中瞭解誰是天下最美的女人，她渴望魔鏡會告訴她「妳就是天下最美的女人。」所以，一旦她從鏡子中看到自己的膚色不夠亮麗、形象不夠挺拔時，真有痛不欲生之感。

追求美沒有錯，但心態不正，採取極端的手段實在不可取。

像妮妮這樣缺乏自信的女人，一次次整容手術，就是一次次對自我的否定，對現有生活狀態的否定，其中當然暗含對婚姻的否定。

醜與美的區別到底是什麼？一位美國資深美容醫生以擅長臉部整形聞名遐邇，創造了無數奇蹟，把那些相貌醜陋的人變得漂亮好看。可是這些人真的滿意自己的整容結果嗎？不，她們還是跟他抱怨：「我的鼻子還不夠好看」、「我的額頭沒做出效果」等等。對她們來說，自我感覺依舊，沒有什麼改變。

一個人的美與醜，與她的本來面貌關係不大，而是取決於她如何看待自己。如果她認為自己漂亮，她會真的美麗；如果她總是在心裡嘀咕自己的缺憾，那她終究會面目全非，直至影響到正常的婚姻生活。

其實，愛美女士們應該記住一點：照鏡子時，要多對著自己微笑，發自內心地肯定自己的相貌。相由心生，這是最簡單也最有效的美容秘方，久而久之，妳會真的容光煥發，信心倍增。

鏡子可以照射妳的容顏，也能反襯妳的形象，就像周圍人對妳的影響一樣。當妳從鏡子裡讀到自信肯定時，妳會不自覺把蘊藏的美展現出來。所以，如果妳的皮膚不夠白，妳可以對著鏡子說：「如同小麥一樣的膚色，真的很健康誘人啊！」如果妳的眼睛不夠大，對著鏡子說：「這雙漂亮的小眼睛真是勾人魂魄啊！」

總之，天下沒有完美的女人，不必苛求自己，學會從鏡子裡給自己鼓掌，給自己加油，只要自己覺得漂亮，就夠了。

美麗三色糖

有些女人總是對自己不滿，覺得自己這裡不好那裡不對，並不知不覺將這種情緒傳染開來，影響到老公的心情，從而導致整個婚姻不滿，就像骨牌一般，一發不可收拾。

如果把婚姻比喻成一個容器，它不是無所不裝的垃圾桶，而是需要日日擦拭的瓷器，只有用心呵護，才能常新如初。

這就要要求女人從內心深處認可自己，也就是認可目前的婚姻生活。一個人只有自我肯定，才會滿懷信心去過日子。

相反，如果抱著挑毛病的心態去經營婚姻，就像從鏡子裡尋找相貌的缺憾，發現這裡有顆黑痣，那裡多了條皺紋，漸漸的，全身上下都是毛病，弄得心情沮喪，鬱鬱終日，長此以往，哪有幸福可言？

在鏡子前肯定自己的容貌，多對自己微笑，多看看自己認為最漂亮的地方，給自己鼓鼓掌，久而久之，妳會真的容光煥發，信心倍增。不用說，這樣的妳一定會給婚姻帶來信心和活力，給生活增加甜蜜和幸福。

打開幸福之門

一個波斯詩人寫道：在創世之初，真主把一朵玫瑰、一朵百合、一隻鴿子、一條毒蛇、一點蜂蜜、一顆死海蘋果和一把黏土混在一起，結果祂發現得到的混合物是一個女人。

第二勺糖

炒出的愛情「食物鏈」

——抓住男人的嘴，才能留住男人的腿

對上他的味覺

在菜市場買菜時，不經意聽到了一對老夫婦對話，老太太說：「午飯吃什麼好？」老先生故作玄虛道：「保密。」老太太呵呵笑了，滿臉皺紋掩飾不住俏皮的神情：「你想吃什麼，我還不知道！」

多麼平凡的一幕，卻折射出心有靈犀的夫妻之情。飲食男女，人之大慾。從戀愛走入婚姻，從激情走進平淡，生活在夫妻面前打開了真正的帷幕。這裡充斥著柴米油鹽醬醋茶的瑣碎，一日三餐，生之大計，哪一頓吃不好了，都不舒服。日積月累，這些不舒服就會醞釀成大災難。

可見，燒飯不是小事，是細水長流又情深似海的愛之方式。

什麼是浪漫？有個流行的說法：慢慢地看著對方變老，就是浪漫。要我說，一日三餐默契相伴享受終生，就是浪漫。

婚姻的最高境界莫過於「天長地久」四個字，生活的細節貫穿其中，吃，又是最基本最原始的要素。哪怕生活再變化，也離不開「吃」，一個女人，如果對老公的飲食喜好都不關

心、不懂，怎麼可能與老公心靈相通，浪漫一世？

女人，從結婚那天起就想抓住男人一輩子。卻不知，男人是抓不住捆不牢的，就像手裡的沙子，抓得越緊，越容易漏掉，倒不如把沙子放在桌上，用來疼、用來呵護，或許更有效。

大陸地區的電影《非誠勿擾》裡葛優與舒淇相親時，葛優大談飲食文化，對「留住男人的心，先留住男人的胃」這句話大感認同。做為一名過來人，他對生活的體驗一定更現實更真切。婚姻是平淡的，要想在平淡中活出滋味，首先就要吃得有滋有味。這是對婚姻的尊重，更是夫婦雙方對彼此人格的尊重。

世間多的是怨婦，她們在一起，無非就是互相傾訴老公的種種不是，什麼不回家、不管孩子、不疼自己、還花心等等。臨了，總會有好心的大姐級怨婦給出主意：「別給他做飯吃」、「好好收拾他」、「不能被他欺負了」，這些建議聽起來有道理，是為女人爭取權力，可是效果往往極差。很簡單，不給老公飯吃，老公就會更不樂意回家。

家，就是吃喝拉撒的地方，沒有了這點享受，還回來幹什麼？倒不如去賓館飯店，有人服務，想吃什麼吃什麼，多自由灑脫！

男人是很實際很簡單的動物，可口飯菜，對他而言意味著生活的真諦。一個女人，肯為自己做飯做菜，而且還變著花樣討好自己的胃口，這不是愛又是什麼？

所謂的「滋味」二字，正是源於飲食又高於飲食的生活寫照。

沒滋沒味的日子，想必飲食也不會多麼可口；相反，一個有著火辣味重的飲食習慣的家庭，夫婦雙方的關係一定不會沉悶無語。或者濃情蜜意，或者大動干戈，總之，他們的婚姻不會平淡無奇。

所以，與其抱怨婚姻乏味，不如轉變一下觀念，用心弄清老公的飲食喜好，從此入手，從酸甜苦辣鹹開始，尊重一下老公的胃，給它舒服的享受，滋潤的感覺。

相信我，他會驚喜於妳的付出，對妳讚不絕口，心，自然而然向妳靠攏。

美味葡萄糖

要想在平淡中活出滋味，首先就要吃得有滋有味。這是對婚姻的尊重，更是夫婦雙方對彼此人格的尊重。沒滋沒味的日子，想必飲食也不會多麼可口；相反，一個有著火辣重口味的飲食習慣的家庭，夫婦雙方的關係一定不會沉悶無語。

瞭解男人的飲食喜好很容易。男人很簡單，喜歡辣的就是辣的，喜歡鹹的就是鹹的，表白無藏。兩口子過日子，女人只要不傻，一定清楚男人的口味輕重。那麼剩下的事情好辦了，他喜歡辣的，多為他準備什麼辣椒油、辣子雞、辣椒炒肉……辣是一劑重要調味品，也是多數男人喜歡的口味。

也許女人會憤憤不平，憑什麼只顧他，我還不喜歡辣呢！吃辣多了，還影響美容呢？！

請問，美容重要還是婚姻重要？妳可以不漂亮，但只要妳懂得男人，收買了他的「胃」，他一定對妳死心塌地。

誠然，做飯是一項瑣碎的事，不是每個女人都喜歡。但是，細節決定命運，婚姻亦是如此，喜歡就是生活情趣，不喜歡才是煩瑣。喜歡了，天長地久，不喜歡，硬著頭皮作戰，難！

打開幸福之門

婚姻，是人生在世最重視的事情，結婚的日子，也被賦予了濃厚而甜蜜的願望。為了紀念這個日子，世界各地的人們都會展開各式各樣的活動。

在美國，每逢結婚紀念日，總會舉行紀念活動，並逐漸形成了按照每次紀念活動贈送不同禮物的習俗。這些禮物都是約定俗成的，以這些禮物為名稱命名每個婚齡，也逐漸形成習慣。

好廚師是炒出來的

昨天，我走到家門口時，正巧鄰居夫婦出門散步，看他們相依相伴的幸福樣子，真為他們高興。我家與他們為鄰已經十幾年了，當初，我們都是剛剛結婚不久的夫妻，對生活缺少經驗。

一開始，各家少不了瑣碎的矛盾，可是他家的日子似乎最不順利。

他們隔三差五吵架，雖然不是吵得很凶，但總讓人覺得他們的婚姻不會長久。

然而，世事難料，吵了多年的他倆不僅沒有離婚，反而越來越甜蜜，夫妻關係勝過他人，其中的奧秘耐人尋味。

我曾和老公議論過，老公說兩口子打架不記仇，這有什麼奇怪的。我知道這個道理，可是我還是覺得另有其因。

春節到了，我們兩家都沒有回老家過年，我提議在一起吃年夜飯。鄰居夫婦很高興，他的妻子還說：「今年的年夜飯我包了。」果然，她一人在廚房裡又是炒又是炸，為我們奉獻了一頓超美味的年夜飯。

吃飯時，我一再誇讚她的手藝，並為自己多年不求長進而慚愧，打算向她討教技巧。她

笑了，有些不好意思地看著老公說：「哪有什麼技巧？還不是他吵出來的。」我一頭霧水：「不是妳炒的嗎？與他有什麼關係？」

她繼續笑著：「妳理解錯了。我是說，我炒菜的技巧，都是與他爭吵的結果。」

原來，結婚前她不善家事、不善烹飪，偏巧她老公在飲食方面十分講究，結果兩人常常為此爭吵。她辛辛苦苦做了飯菜，老公卻要指三道四，她當然不樂意聽，也不願接受。好在她是個有耐心的人，雖然不願聽，卻也多多少少吸納了老公的很多建議，就這樣，吵來吵去把她吵成了一等一的烹飪高手。

這時，她老公頗為得意地說：「都說女人做不了好廚師，我不信，看見了吧！這些年在我培養下，她的廚藝可到國外開餐館了。」

一句話，逗得大家哄堂大笑。新年的氣氛瞬間濃烈起來。

我頓時恍然大悟，貌似吵鬧的鄰居夫婦，卻有著不同尋常的婚姻生活。不是冤家不聚頭，吵架如同炒菜，常「練」才有效果。如果鄰居妻子由於老公的爭吵而撒手不幹了，也不會有今日的和諧婚姻。

吵，是婚姻裡的一道菜餚；炒，是做好菜餚的基本功。炒好婚姻這道菜，女人，必須要下工夫去練習、去鑽研。拿捏火候，掌握配料，看準時機，否則，鹹了、淡都不可口更不可心。

炒的工功，在於「練」字，炒的多了，自然容易把握技巧，說不定還能發明一套適用於自家男人的風格特色菜。這時，男人恐怕想離開妳，也很難拔動腿了，食慾難耐啊。

因此，女人不要怕，婚後多去幾次廚房，多與男人討論討論廚藝炒功，既能豐富自己的生活，還能切身實地練習廚藝，搞不好弄出一兩樣特色菜，待客或自用，都會為妳增光添彩，同時也成為老公的驕傲。

美味葡萄糖

炒，之於婚姻生活，是必不可少的內容之一。炒得好了，男人開胃又開心；炒不對頭，費力不討好，徒惹氣生。

炒，不見得多麼正式，多麼隆重，流行於四川的夫妻肺片，就是一款簡單實用的小吃。這是涼拌牛雜的俗稱，將牛心、牛肚、牛舌等滷好後切片，然後用辣椒粉、花椒粉、芝麻末等調製好的料汁淋澆，色澤透亮，紅油重彩，麻辣鮮香，爽滑柔靡，十分好吃。

夫妻肺片菜如其名，與夫妻生活有關。它的創造者是一家牛肉脯的夥計，他看到很多牛雜碎棄之不用，就帶回家去。妻子是個賢慧聰明的女人，把這些東西洗淨切片，用自製的調料涼拌。由於太多了，自家吃不了，她就拿出去送給一些貧民，漸漸地，這道涼菜出了名。後來，夫妻倆把這道菜當作生意做，夫唱婦隨，生意很興隆，人們親切地稱之為「夫妻肺片」。

炒，不僅能炒出一段好婚姻，還可能炒出一樁好生意。

打開幸福之門

隨著時代變遷，現代人慶祝結婚紀念日，不再以贈送傳統禮物為主，而是根據情況選擇適合的禮物和慶祝方式。比如年輕人喜歡贈送鮮花、巧克力，舉辦溫馨派對，去外地旅遊，或者互贈祝福的話語，簡訊、電話，都是普及的方法。

實際上，不論過去還是現在，人們慶祝最多和最隆重的紀念日，只有金婚和銀婚(註)。這是傳統的婚後大慶典，一般都會邀請親朋好友參加，場面較為熱鬧喜慶。至於鑽石婚，能夠相伴到那個時候的夫婦可謂鳳毛麟角，能慶祝這個紀念日，也算是人生大幸。

註：1年紙婚；2年棉婚；3年皮婚；4年花果婚；5年木婚；6年糖婚；7年手婚；8年古銅婚；9年陶器婚；10年錫婚；11年鋼婚；12年絲婚；13年花邊婚；14年象牙婚；15年水晶婚；20年瓷婚；25年銀婚；30年珍珠婚；35年珊瑚婚；40年紅寶石婚；45年藍寶石婚；50年金婚；55年綠寶石婚；60年金鋼鑽婚；70年白金婚；80年鑽石婚。

煲出來的溫情

去過廣州的男人，回來後大都記住了這樣一家餐館：阿二靚湯。根據廣州人的解釋，「阿二」是小老婆的意思，「靚」，即漂亮、好看，「阿二靚湯」，指的是小老婆煲的美味湯。

據說這來自於一段真實的故事：一個香港老闆的小老婆很會煲湯，為了拴住老公的心，天天精心煲湯取悅老公，練就一手絕活。不幸老闆早逝，大老婆容不下小老婆，將其掃地出門。沒有生活著落的小老婆無奈之下，開店賣湯，取名「阿二靚湯」，由於湯美人靚，她的生意十分興隆，逐漸發展成為特色大餐館。

這個故事不由得讓人想起如今肆虐的小三現象。「小三」是女人的婚姻大敵，在男人眼裡，「小三」怎麼就那麼好？老婆怎麼就那麼討人厭？其實，聰明的女人不妨從「阿二靚湯」中找找原因：「小三」奪愛，不僅僅憑藉年輕美貌，她也許還有自己的絕活，比如煲的一手好湯，留住了男人的心。

人老珠黃，自然規律，婚姻無味，生活無趣，也是人生必經的過程。當男人打趣說妳是「黃臉婆」，開始覺得妳跟不上流行，不懂時尚，無法與時俱進時，妳就該想想了，是不是

他感覺婚姻乏味了？妳就該琢磨琢磨給婚姻添加點什麼色彩，讓婚姻重新閃現光芒。

張媛媛擁有一個幸福的家庭，惹得我們幾個朋友羡慕、嫉妒、恨。誠如薇薇所言：「她這個人，又懶又嘴笨，怎麼這麼討老公喜歡？」媛媛笑笑，她清楚，自己的婚姻也像普通人一樣，經歷過波折和危機。由於她從小不會做家事，更別提做飯，結婚後除了回娘家吃，多數都是老公主廚，她純粹像個吃貨。像多數夫婦一樣，婚姻日深，老公也不能天天在家照顧她，有一段時間，老公甚至有些反感做飯了。媛媛察覺到了變化，但她沒有抱怨，而是覺得應該放下身段，從廚房開始，為婚姻付出。

經過一番觀察學習後，她發現自己確實沒有什麼做菜的天賦，但她喜歡上了煲湯。

煲湯不僅是一項廚藝，更需要耐心。做菜講究原料搭配，調料配置，可是煲湯不一樣，湯品的味道和心情有關，只要心情放鬆，煲出來的湯就會細膩醇厚。比如骨頭湯，燜鍋燜出來的湯，除了酥爛之外，別無好感。於是媛媛選擇了湯鍋，從清洗、過水、大小火煲，一直在廚房裡親自忙碌。然後擇木耳、洗枸杞等，從不掀開蓋子去看鍋裡面的動靜，只是憑藉湯的氣味和感覺來放輔料。

經過一個多小時的熬煮，美味醇厚的骨頭湯出鍋了，看著家人幸福啃咬的動作，她真是從心眼裡高興。

媛媛認為，煲湯考驗的是女人的愛心，文火慢燉，宛如溫情脈脈的付出，燉出了生活的滋味，讓老公在品味中更懂自己，更愛自己。生活可以平淡，但也可以精緻有情趣，一鍋湯不僅包含著豐富的物質營養，還包含著女人深深的愛，無怨無悔的付出。

美味葡萄糖

當婚姻走向乏味，當男人不再對妳視若珍寶，女人不妨展開一下溫柔攻勢。生活可以平凡也可以精緻有情趣，一切在於妳用什麼心思去經營。聽到男人對妳不鹹不淡、不冷不熱的評價時，不必灰心，不必大動干戈，細心打理自己，為他煲一道溫柔湯品，提醒他念及妳的好，看到妳的美。

珍寶盅是比較適合的。名字雖花俏，實際上這不過是一道雞湯。不要小瞧了雞湯，慰藉心靈是它的最大功效。將一隻小公雞放入砂鍋，放進兩段甜玉米、兩個芋頭、兩片南瓜、兩個花菇，用文火燉上一個小時，上桌時，再放一片綠菜葉。蒼翠欲滴，宛如初戀時妳的眼淚一樣透明動人，讓男人為之動容。

不要忘了芋頭和甜玉米哦，有了這些，普通雞湯馬上細膩得令人心動。

記住，佐料不可太過，花椒之類的就免了吧！煲湯亦如經營婚姻——搞情調要有分寸，要在擅長的領域，只要讓他看到妳的努力和苦心，就夠了。

打開幸福之門

紙婚，是指結婚一週年紀念。一年的相處相守，夫妻之間的關係如同紙張一樣，薄而脆，很容易毀壞。也可以理解為婚姻如同白紙一樣，等著夫妻二人去描繪、去經營。

維護婚姻的和諧，還需要不停地付出和努力，加倍小心地呵護與謹慎。

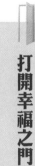

不妨來一鍋亂燉

冰茶是我的一個網友，她長得並不出眾，婚後的日子也說不上多麼幸福，不知不覺，平凡的婚姻過去了十多年。孩子大了，自己老了，現在的她，真正體會到了什麼是人老珠黃。可恨的是，老公對她越來越不疼惜，簡直視她為無物。儘管她脾氣好，可是也忍不住與老公爭吵，忍不住生悶氣。這有什麼用呢？那天老公跟朋友們吃飯，還毫不遮掩地大談什麼摸著老婆的手，就像左手摸右手。她沒說什麼，但心裡很不是滋味。男人，看來一個德性，都不是什麼好東西。

晚上，她把自己的不滿跟我講了，還說：「真不知道我的婚姻能堅持到什麼時候。」

問題真有這麼嚴重嗎？男人喜新厭舊，說白了是一種天性，是荷爾蒙的作用。當他與一個女人生活久了，就會產生厭倦感，渴求突破，渴望新鮮的刺激。所以，「左右手」之說顯示出他內心的浮動，心猿意馬，希望摸摸其他女人的手，只是憚於髮妻的威嚴，尚不敢逾越雷池。

這是男人在婚姻中最常見的反應，女人不必灰心喪氣，但也不能置之不理。很明顯，他們的婚姻已經進入疲倦期，雙方缺乏熱情，彼此失去了吸引力。不過，這並不是說婚姻走到了盡頭，畢竟有著十多年共同生活的感情基礎，依賴之心還很嚴重。那麼，這時的女人該如何做呢？

冰茶向來不善廚藝，據她說每次家裡來了客人，都是老公下廚備菜。現在老公的事業很忙，也懶得做菜做飯了，由她掌廚後，孩子、大人都埋怨飯菜不可口。為此她也想了很多辦法，但仍是難以滿足所需。

她是個細緻的人，每次做飯都很講究，在採購前想好用什麼菜、放什麼料，然後按照預先想好的步驟一一實施。哪怕是一個簡單的涼拌黃瓜，也要事先弄清楚是糖醋還是麻油清拌，按部就班去完成。然後收拾乾淨弄第二個菜，盡量不做煎炸、步驟複雜的。結果，她做飯做菜不僅費時費力，效果也很一般，家人總說「沒滋沒味」。

我給她建議：「妳不妨給他們來鍋亂燉。」

「亂燉？」她顯然很詫異，「這樣的菜好做嗎？好吃嗎？」

我對她說，亂燉是最簡單的菜，而且口味很濃，家人吃了，一定會大呼過癮。

亂燉，是一道東北菜，像東北人的性格一樣，簡單粗獷，無論什麼材料，兩兩搭配也好，多種配合也罷，一陣大火狂燉之後，不同的原料消弭了彼此的界限，你中有我，我中有你，零距離結合，實在是一款很適合家庭享用的大菜！

生活，何嘗不是一鍋亂燉？太過細緻的挑揀原料，必定削弱了營養成分的組成；太過按部就班的手法，做出的飯菜一定缺乏口味。飯菜，吃的是一種口感，滿足的是一種慾望，

1+1=2這種固定模式，只能在工廠加工運用，而不適合日常生活的一日三餐。婚姻也是如此，沒有絕對的比例，也不需要嚴格的配料，多數時候，夫婦活得是一種感覺，感覺好，一切都好。

美味葡萄糖

如果把婚姻看得太純粹，一定會受到傷害。生活，是一鍋亂燉出來的大菜，口味重，才能吃得香。女人，有時候需要用亂燉的做法來經營婚姻，不能太苛求原料配比，也不能太講究調料多少，重要的是，有一顆容納多種原料、接受多樣調味品的心胸。

亂燉，各種材料在大火狂燉下，消弭了彼此的界限，融合為一體，就像夫妻二人，在不斷磨合下，你中有我，我中有你，已經成為不可分割的一個整體。

亂燉，燉出來的是濃濃的生活氣息，在大火烈焰下，瞬間化解了各種冷漠、不滿、隔閡，讓婚姻變得熱氣騰騰，滋味濃烈。

打開幸福之門

結婚2週年是傳說中的棉婚。棉，代表著溫柔純潔，自然之美。棉布，細軟嬌嫩，還沒有經受太多考驗和挫折。

法國人把結婚2週年稱為棉婚，可見棉婚的脆弱。

棉，比紙厚了一點點，而且給人美好的感受，卻容易磨損褪色，必須小心謹慎地呵護和保存。

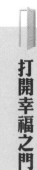

我是你「致命」的甜點

週末，姪女跑到我家裡，吵著說：「借我幾本烹飪書，我要好好的修練修練。」我說：「怎麼想起學做飯來啦？」她從小嬌生慣養，什麼家事都不會做，談戀愛時我勸她勤快些，她不以為然：「要我做家事？那我就不結婚，我才懶得伺候他呢！」她的男友是大學同學，兩人談了好幾年戀愛，男友對她百依百順，體貼照顧，什麼都不讓她做。在我看來，她是從父母的手掌心一下子跳到了男友的手掌心，被寵愛、被呵護，就是她生活的全部內容。

從她這樣被寵的女子，忽然說出「烹飪」二字，我有點不敢相信。姪女卻很認真，在書架上翻來覆去尋找，看樣子真想大幹一場。

不一會兒，姪女就找到了兩本烹飪書，看她興高采烈的樣子，我忍不住給她潑冷水：「書是有了，但妳有時間實作嗎？」

「怎麼沒時間？」姪女聽出了我的話外之音，「只要想做，一定有時間。」

想當初她百般推託家事，如今卻主動學習烹飪技巧，其中必有緣故。後來，她和我聊到了目前的婚姻狀況。她老公現在是公司主管，工作很忙，無法像新婚時那樣在家炒菜做飯照

顧她，她呢，只有天天回娘家搭飯吃。可是，老公不能像她這樣，有時候加班晚了，累了，回到家卻不能吃到可口飯菜，只好泡包速食麵，或者乾脆不吃，躺下睡覺解乏。

這種事情接連發生多次後，不良的情緒開始在夫妻間萌芽，前幾天姪女只顧給好友過生日，居然把老公給忘掉了，老公當時很不滿。姪女預感到了危機，她第一次感覺到了自己的無能為力，老公是用來愛的，自己這麼不管不顧的，哪是愛他，簡直是在折磨他。

她覺得婚姻生活需要一些改變，不然這樣下去，遲早會出現問題。

我很贊同她的想法，為她能主動及時彌補婚姻的不足而高興。

不過，廚藝也不是一兩天就練出來的，像姪女這種急性子，學兩天還不煩，就可以偷笑了。於是我說：「妳呀，還是從簡單的開始吧！」像他們這類年輕夫婦，感情尚有新鮮感，不適合大鍋亂燉什麼的，一兩道甜點，像年輕妻子那樣惹人愛，足以打動男人的心。

姪女在我的調教下，學會了一道廣式菜餚——鳳梨咕咾肉。將鳳梨丁和里脊肉丁分別裹上生粉，放進油裡炸一下，酥黃後撈出來就OK了，簡單易學，而且口感清淡爽脆，吃起來外焦裡嫩，是一款很好的生活調劑品。

有了這道菜餚後，姪女在老公面前又恢復了信心。酸酸甜甜，她老公當作宵夜來吃，效果還是蠻好的。小夫妻的感情也更為濃情蜜意了。

現在很多年輕夫婦都不會廚藝，只有回娘家婆家搭飯吃，看起來沒什麼大不了，可是缺少柴米油鹽的日子，終究不夠滋味，不夠緊密。其實，生活就是一首鍋碗瓢盆交響曲，要想彈奏出美妙的樂章，必須身體力行，天天練習。

美味葡萄糖

越年輕的妻子，越要有點生活的心計，盡早進入婚姻的狀態中。

要知道，老公是用來愛的，不是用來氣的，當有一天，妳感覺到彼此之間有了莫名的不快時，要有心理準備：他為什麼不再寵我？

要想索取，必須付出。這條人生哲理同樣適用於婚姻，哪怕你們再恩愛，也一樣。

現在流行白富美（有錢、漂亮、身高高的女孩），可是即便妳是其中一員，也不能在餐館裡吃一輩子。廚房，是家庭的胃，只有它健康了，家庭才能和諧。

一兩款可口的甜點，酸中帶甜，甜中有酸，宛如你們剛剛開始的婚姻，半真半假地撒撒嬌，既有情趣，還會告訴男人讓他們感覺到妳的不好惹：別忘了，我是會吃醋的哦！

這是非常讓男人受用的款式，妳的體貼溫柔、風情萬種，讓周而復始的生活多一點驚喜與不同。但是，切記，這款菜餚不可太頻繁。男人，偶爾地嚐嚐鮮就夠了，甜食吃多了，太膩，不好消化。

打開幸福之門

在傳統上，結婚3週年被叫做皮革婚。意喻二人的婚姻經過前兩年的脆弱和動盪，已具有了皮革的韌性，正在逐步走向穩定和堅韌。

贈送皮革服飾，皮衣、皮夾、皮鞋，皮帶，是比較實用和應景的選擇。

紀念這個日子時，最好回顧一下前兩年的慶祝方式，變一變花樣，增加一點新鮮元素。不然，好事做三遍，也會讓人厭煩。

另外，女士皮草是比較貴重的禮物。對新婚3年的年輕夫婦來說，負擔不起，就不要強求。其實，皮草的品質差別很大，買不起正宗貨，以次充好，只要雙方高興，一切大吉。

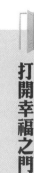

燭光曲

今天在網路上瀏覽時，看到了一則親切的資訊：一對七十多歲的老夫婦也像年輕人一樣過起了情人節。老先生不僅為老太太準備了鮮花、鑽戒，還親手燒製了一桌燭光晚餐，夫婦倆過了一段開心又浪漫的時光。

燭光晚宴，一個極富浪漫色彩的詞彙，不知從何時興起，又為多少女性所癡迷。女人，從小到大骨子裡都在渴望著有一天男人能為自己奉獻這樣的浪漫時刻。

確實，優美的樂曲、朦朧的燭光、色澤誘人的菜餚、新鮮飽滿的水果，還有各類果汁、酒類，在迷人的夜晚，與瀟灑多情的男人共度此時此刻、共用此情此景，該有多少浪漫情懷等著抒發……

這是女人心中的燭光晚宴。很多女人得到了，很多女人正在渴盼中。我忽然想到，女人在享受幸福之時，是否也考慮到了男人的感受？

男人，是不是喜歡燭光晚宴？在平凡的婚姻歲月裡，女人除了等待男人的奉獻外，是不是也嘗試為男人準備一次燭光晚宴？

與女人一樣，男人也喜歡美好的時刻，尤其喜歡美妙的食品、浪漫多情的戀人，以及迷人場景下的愛戀。

對男人來說，也許更熱衷於這樣的愛戀遊戲，風情旖旎、春光無限，一邊享受美食一邊享受美色，還有比這更快意的嗎？

有段日子，老公負責外地一個專案，很少回家。很快，關於他的傳言多了起來，好像秋風乍起一樣，沸沸揚揚，甚是熱鬧。我和老公婚後十年來，雖有磕磕絆絆，爭爭吵吵，但彼此從沒有生過悔意，更沒有過分手之類的念頭，只是這些年的平淡，消磨了很多熱情。但對這些傳言我並不放在心上。

所謂「三人成虎」，我心胸再開闊，這樣的輿論多了久了，也令我心生怕意。老公每個月回來一兩次，趕上工程緊急，一兩個月才能回來一次。我心裡發毛，又不願直接問他，擔心他覺得我不信任他。

可是，我心裡七上八下，說實在的，我很想見見那個與老公傳出緋聞的女主角。據說是一位年輕女孩，負責公司的財務工作。

在忐忑不安中度過了大半年時光，老公從沒有給我一句解釋，也沒有提及這方面的隻字片語。我該怎麼辦？

這天，老公打電話說公司放假，他晚上就能到家了。我說不出的高興，急急忙忙張羅晚飯，去市場買菜、買酒。路過一家西餐廳時，門口張貼的浪漫海報吸引了我，一對年輕男女癡情相望……燭光、鮮花、牛排、沙拉……我決定，今晚也來個燭光晚餐，為老公接風洗塵。

一切準備就緒時，老公敲響了家門。

在餐桌邊朦朧的燭光下，人和物都變了，時間開始交錯與重疊，我們彷彿回到了年輕時光，脈脈含情；那些菜餚、水果彷彿鍍了金光，閃耀著迷人的色澤；酒像活了起來，在杯中流動。

不知不覺，我們說了很多很多。令我始料不及的是，老公提及了緋聞的事，並問我：「聽朋友說妳知道了這事，為什麼沒有責問？」

我兩眼含情：「生活這麼枯燥，加點調味品不是很有趣嗎？」

老公很驚訝：「妳真是道行高深，服了服了。」

後來，他坦誠與那位女孩雖然彼此都有好感，但什麼也沒發生。那是個很自重的女孩，這也是他們相互吸引的原因。不過人們喜歡八卦，由他們八卦好了。

這次晚宴，不僅讓老公敞開心扉，還一下子增進了我們夫婦的感情，從此我們更加信任。重要的是，這種燭光晚宴的形式，給我們略顯沉悶的日子注入了新的動力。

美味葡萄糖

燭光晚宴，是平凡生活的一劑調味品，可以調節所有夫婦的口味。

當妳感覺到了沉悶，當老公對妳失去了性趣，當妳感覺到彼此沒有話說，當老公總是藉口不回家，當妳搞不清老公的錢花在了什麼地方……賢慧的妳，聰明的妳，不妨設計一次燭光晚餐，不必太奢侈，不必太講究，只要有足夠的燭光、豐富的食品，還有溫柔多情的妳，肯定會給他一個驚喜，給婚姻一個浪漫的記憶。

當然，聰明如妳不見得一定有了危機才想起浪漫燭光。在紀念日、節日及假日、生日，還有你們之間的其他特殊日子，都想方設法添加一些浪漫吧！

一邊享受美食一邊享受美色，還有比這更快意的嗎？

打開幸福之門

有人稱結婚4週年為絲婚，比喻夫婦二人已經緊密地纏繞在一起，你中有我，我中有你，不分彼此。

也有人稱為花果婚，指的是四年歲月過後，夫婦二人已經開花結果，孕育了愛情的結晶。也指日子豐富多彩，如鮮花美麗，果實甜蜜。有花有果，有酸有甜，但是，花可凋謝，果可枯萎，所以對待愛情，夫妻不可大意，不可只知享受不懂付出。

紀念這個日子，最好的辦法就是互贈花果。不管是豔麗的鮮花還是好吃的水果，都會讓步入婚姻不久的你們，感受對方的浪漫和關心，讓生活平添幾許溫馨和甜蜜。

你的健康我負責

好友王曉豔快三十歲時才結婚，如今正趕上七年之癢。有一次她對我抱怨自己的老公：「他天天和朋友出去喝酒、打麻將，根本不管孩子、不理家。」這好像是很多男人的常態，在外面吃吃喝喝、玩玩樂樂，貌似十分風光，可是身後的老婆孩子過得如何，似乎與他無關。我對這種男人比較反感，但我不想刺激王曉豔，就勸慰她：「男人在外面打拼，有他的道理。」

王曉豔撇撇嘴：「打拼什麼？一幫酒肉朋友！天天喝得爛醉如泥。」

七年之癢，是最近流行的說法，夫妻間沒有明顯的不對，也沒有明顯的反感，但抵觸、冷漠情緒卻悄悄瀰漫。男的不願意回家了，女的失去了柔情和興趣，婚姻好像是一件可有可無的東西。

王曉豔夫妻的情況正是如此，聽她的語氣，才懶得搭理老公，她說：「隨他去吧！我的工作很忙，懶得管他。」

事業忙碌，是現代女性的通病，事業可以賺錢養老，卻不能養心養身，我說：「妳這種態度也不對。老公是陪妳到老的人，妳現在不管他，任由他揮霍自己的健康，將來誰對妳負責任？」

這話說動了王曉豔，她說：「也是，看來該想想辦法了。」

王曉豔十分聰慧，很有心計，不久她給我打電話：「妳知道嗎，我老公現在可聽話了，不大出去瞎混了。」

我問她訣竅，她說：「唉，還不是從吃的方面下工夫。他這個人，講究得很，以前我懶得研究食譜菜餚，食物煮熟了完事。我太糊弄了，對不上他的胃口，他也常常說我不懂健康飲食。現在好了，我從網路上學了幾道家常菜，既開胃又營養，他和孩子都愛吃。」

真是留住了男人的胃，就留住了男人的腿。王曉豔興高采烈地說，以前不喜歡做飯，總覺得燒菜很難，現在留心了、學習了，發現其實沒有多少難度。而且研究菜譜的過程中，順帶瞭解了食物的營養、搭配技巧等，對身體健康很有益處。

王曉豔特地向我推薦了一款韓式泡菜湯，讓我做給家人吃。這是一道韓國名菜，材料很簡單，口味卻非凡。酸辣湯中添加老豆腐和白菜，夠味又含蓄，經常吃也不覺得膩。

「這可是道地的家常健康菜。」我笑著說，「白菜、豆腐，保健首選啊！」

健康，是飲食的第一目的。吃，要有味，酸辣香甜，吃得開心；更要健康，綠色營養，吃得放心。尤其是污染嚴重的現代社會，吃出健康，吃出長壽，簡直是非比尋常的難事。不是妳吃飽了，就吃好了。多數女人擔負全家人吃喝用度的大事，如果不用心，怎能擔當如此大任？

大多數家庭中，老公的健康幾乎由老婆決定。老公如此信任妳，妳也要擔負起這個要責。這樣的話，不僅給了他面子，更給了他健康，豈不是一舉兩得？

美味葡萄糖

相伴到老，才是真正的浪漫婚姻。可是，「老」要資本，要有一個健康身體做本錢。健康哪裡來？吃不對頭，病從口入；吃對了，營養又健康；吃好了，美滿又幸福。

「兩口子」——兩張嘴湊在一起過日子，「吃」乃是基本點。一個男人，往往粗心大意；或者為了應酬、為了口感吃喝無度。那麼，身為女人的妳，作用就至關重要了。

為了他的健康，為了你們的幸福，是不是該在「吃」上下工夫？不然，何來「兩口子」之說？

關於健康飲食的知識很多，可以從網路上瀏覽，也可以向他人、書本學習。當然，實行才是目的，當妳探聽來一些資訊時，不妨與老公探討分析，一來辨別老公是否喜歡這類飲食；二來增進彼此的情感，尤其是那些覺得「沒話說」的夫妻，說說飲食菜譜，不也是一種很好的交流嗎？

不管到了什麼時候，哪怕他已經80歲了，哪怕他再也不肯對妳甜言蜜語，可是說到

「吃」，男人還是很有話題聊的哦！

打開幸福之門

結婚5週年是傳統中的木婚，似樹木一樣，已經硬了心，夫婦關係變得堅硬起來。木，多了舒展、溫和和寬容；木，生機勃勃，用來展望愛情之樹常青。當然，木還是不如鋼鐵結實，沒有珠寶鑽石珍貴，所以，木婚更多的是對未來的希冀，希望愛情可以像樹木一樣生長不息，永不停止。希望婚姻在日後更加蓬勃向上，越過越好。

第三勺糖

無處不在的吸引力法則

——賞心悅目的雅室，心靈修養的港灣

室雅芝蘭香

一個女人說：「我吃穿不愁，又有房子又有車，也算不錯啊！」

其他女人聽了，不以為然：「妳也太容易滿足了，吃穿還可以湊合。可是妳那間房子，也太小太過時了吧！」

女人想想，那間房子不足20坪，還是上世紀90年代的建築，與如今流行的家居模式——大客廳、大臥室、大衛浴相比，確實又小又跟不上潮流。

女人的幸福感瞬間冰結，原來自己這些年住在蝸居（房子太小，如同蝸牛殼）內，何其不幸。

房子的大小，已經成了現代女性幸福感的重要指標，房子不夠大，只能說明一個問題，賺錢不夠多、事業不夠成功，哪還有幸福之說？

吃穿住行，是人們最基本的生存條件，尤其「住」是婚姻的第一要素。不是有句話嘛，「沒有房子就別娶媳婦」，沒有房子，何談婚姻，何談家庭？

婚姻，是兩個人的組合，但這兩人不能睡在大街上，「住所」是必須的。

「住」不是一個簡單的詞，「住」得如何直接關乎婚姻的幸福與否。

太多夫妻為了房子而爭吵，女人說：「跟你這麼多年了，連間像樣的房子都沒有住到。」男人說：「什麼是像樣的房子？有地方住不就行了！」

女人永遠不會贊同男人的這個觀點，她覺得男人騙了自己，沒有給自己該有的幸福，怨恨叢生。隨著婚姻生活的延長，房子沒住上大的，夫妻之間關於住房的陰影卻在一天天擴大。

其實男人不是不喜歡大房子，他這麼說是因為自己本事有限，無法給女人更大更豪華的房子。

到底怎樣的房子才能滿足女人的需要，才能給予婚姻幸福踏實之感呢？女人，在挑剔房子的大小、抱怨老公的無能時，有沒有仔細想想這個問題？

現實情況是，很多住在豪華別墅裡的女人過得也不怎麼幸福，男人給了她們大房子，卻沒有給她們相對的愛。房舍的華麗，反而映襯出感情的蒼白。沒有愛的別墅，就像失去靈魂的軀殼一樣，毫無意義。

家居是婚姻必須，營造富有愛、富有情趣的家居，更是幸福婚姻的追求之一。女人，追求大房子不是錯，可是一定記住了，它只是婚姻的外表，要想讓婚姻甜蜜，必須在其中注入愛心的呵護。

兩千五百年前的孔子在《孔子家語・卷四・六本》中說過這樣的話：與善人居，如入芝蘭之室，久而不聞其香；與惡人居，如入鮑魚之肆，久而不聞其臭。今天我們都在探討它的哲學意義，把它做為交友的信條信奉。可是如果從直接的意義上看，完全可以這樣理解：住在什麼樣的房子裡，妳就會過什麼樣的生活。

這裡的房子除了大小外，還與其他因素有關，比如陳設、佈局、裝修、主人的喜好、習性等等。

芝蘭之室還是鮑魚之肆，想必很容易區別，女人，妳是想把自己的家打造成前者還是後者？

一個芝蘭之室，一定會給人愉悅之感，一定會具有強大的吸引力，有著這樣房子的女人，還怕男人不回家，還擔心婚姻不幸福嗎？室雅芝蘭香，房子不見得越大越好，空間的大小可以開發，而家居中蘊藏的愛的力量，卻有待於女人去創造。

生活白砂糖

某太太打算藉著老公退休的契機，對住了30年的房子進行大整修。兒女們說：「房子面積不大，所以要在如何開發空間和利用空間上下工夫。」

朋友們說：「住了這麼多年了，倒不如換間新的。」

親戚們說：「還整修呢！人都老掉了。」

某太太對大家的建議和評論不為所動，而是悄悄請設計師制訂了一間全新的居住風格。

既不奢華又十分新穎，給人煥然一新之感。

房子裝修完畢，她老公特別滿意，請親朋小聚，並說：「她最懂我了。退休後，我就想給生活換點新色調。畢竟30年了，人也是要求變的。你們看，現在這種全新的風格，真的給了我新動力。」

家居是為婚姻服務的，為婚姻所想，就會打造出符合兩人心意的生活環境。當兩個人都喜歡家裡的環境佈局，都願意在其中生活時，心心相印，想分開都很難。

打開幸福之門

結婚6週年，世界各地的人們無一例外都賦予了「鐵婚」的稱號。鐵，堅硬而牢固，比喻夫妻之情已經相當可靠，不再輕飄。

鐵器，雖不昂貴，但很實用。從農業時代的鐵製農具，到後來的鐵製廚具，鐵是生活中最司空見慣的東西，也是比較結實耐用又省錢的物品。

6年的朝夕相處，已然熟悉於心，似鐵打的一般，牢牢捆綁在一起了。

有金屋才配藏嬌

愛芬和我是國中同學，她性格溫和，為人謙遜，當時我們常在一起喜歡開玩笑猜測未來的生活，大家一致認定她將是標準的賢妻良母，誰娶了她是誰的福氣。時光荏苒，歲月無情，二十年過去了，十七、八歲的我們已經步入中年，同學相聚，回想往事，誰料愛芬的故事卻出乎每個人的意料。

那位眾人眼裡的賢妻良母不僅沒有過著幸福美滿的婚姻，還早早地離婚單身了！愛芬畢業後當了一名護士，嫁給一位老師。老公是個勤快人，喜歡收拾家事、做飯洗衣，根本不用愛芬插手。性格溫良的她自然十分受用，日子過得也很幸福。

由於收入有限，他們沒有買房子，也沒有租房子，而是住在了醫院閒置的一處住所內。那是個獨立的小院，院子裡可以種花養草，很愜意。

日子似乎可以這樣過下去。但是隨著閱歷日深，孩子長大，愛芬心中的房子問題一天天膨脹，最終爆炸了。她幾乎每天都跟老公嘮叨幾句，誰誰買房子了、哪裡的房子又漲價了、再不買房子過不下去了、怎麼樣可以借到錢買房子。一開始，老公也積極盤算著購置房產，可是不知為何，聽她說得多了，彷彿產生了免疫力，變得無動於衷。

老公反應不積極，愛芬生氣上火，語氣中多了怨恨、不屑，甚至惡毒，在她心裡，老公的形象一天天猥瑣，用她的話說：「跟著他這輩子也買不起房子。」

男人很奇怪，妳越看他行，他越能幹；妳越看他不行，他就頹廢不起。愛芬的老公受了刺激，本來不善經營的他，乾脆躲到學校不回家。有時候愛芬急了，跑到學校去鬧，他也裝作聽不見、看不見，不理不睬。

一樁本來美滿的姻緣，就這樣畫上了句號。

不幸的婚姻各有各的不幸，愛芬的不幸看起來很簡單，他們從一開始就缺少婚姻的必備品——婚房。沒有屬於他們共同的財產，也就缺少了婚姻的根基。

關於物質與愛情，向來爭議很多。愛情至上的人認為，物質是俗氣的，不能與愛情相提並論。即便這種觀點有道理，但女人必須明白，婚姻不只是愛情，婚姻是實實在在的過日子，離開物質，何以過下去？連住的地方都沒有，夫妻何以成夫妻？

也許女人會說：「不是所有人都買得起房子，我找不到有錢人怎麼辦？」

像愛芬這樣的女人很多，這類的婚姻也很多。對她來說，住在公司提供的宿舍裡，是一種委屈，是一種遷就。愛芬這樣愛面子的傳統女性，最不願意讓人指三道四。可是住在宿舍裡，免不了他人說長道短，很難遷就下去。

所以，她千方百計想買房子，想搬出去住。這種想法沒有錯，只是做法有失妥當，最終釀成大禍。

對男人來說，讓自己的女人生活好一些、快樂一些，是畢生奮鬥的動力。買不起房子他也愧疚，但女人說得多了，他就不當回事。他願意為女人提供的是力所能及的服務和說明，而不是成為一個賺錢機器。比如，當他有20萬的時候，妳提出要一個鑽戒，他會很痛快地答應，可是妳要一棟別墅，就不切實際了。

生活是兩個人共同經營的，女人不必把過錯都推給男人，而是應該想辦法讓現有的生活更有品味、有情趣。買不起房子，好啊，可以租房子，根據收入情況，盡量租一處好些的房子，這也是你們兩人共同的愛巢。

生活白砂糖

連住的地方都沒有，夫妻何以成夫妻？

買不起房子，可以租房子。只要辦得到，男人都會樂意效勞，他內心的快樂正是來自心愛之人的快樂。

將租住的房子細心佈置，裝點出屬於你們的特色，這是屬於你們的家，你們的共同「財產」。這份財產裡更多的是愛心、用心和耐心，以及希望和未來。

女人一定要記住，金屋才配藏嬌，在「住」的問題上不能太苛刻自己，要「住」出生活的樂趣和情調，要男人明白，妳善於經營「家」的快樂，而不是一個斤斤計較的黃臉婆，也不是一個俗氣難耐的物質女。人生苦短，把握當下的幸福感，才有可能追求將來的一切。

打開幸福之門

有人稱結婚7週年為毛婚，有人稱為桐婚。

7年之癢，心裡發毛，倒符合毛婚的說法。不過，毛婚的最初意義是指婚姻如羊毛般珍貴，給人溫暖，給人舒心。

隨著7年之癢的流行，這也成了一個特別值得注意的年度。女人編織羊毛，展現了女性的溫柔和勤勞，用羊毛編織的衣服、被褥，可以給家人取暖禦寒。可是編織羊毛的時候，有沒有在心裡泛動一絲漣漪，毛茸茸的感覺，令人心癢。

好主婦的過關考驗

早上從網路上看到一個笑話：有位太太總喜歡笑話對面的太太懶惰，「那個女人的衣服永遠洗不乾淨，你瞧瞧，她晾在院子裡的衣服總是有斑點。哎，我真的不知道，她怎麼連洗衣服都洗成那個樣子……」

直到有一天，有個明察秋毫的朋友到她家，拿了一塊抹布，把這個太太家的窗戶上的灰漬抹掉，然後說：「看，這不就乾淨了嗎？」

原來，是自己家的窗戶髒了。懶惰的不是別人，正是她自己。

假如說婚姻是一個大花園，女人就是園丁。園丁偷懶，百花就會枯萎，百草就會凋零，花園將不再美麗。

一個勤快的主婦，幾乎是所有幸福婚姻的必備條件。懶女人的名聲可不好聽，而且懶女人的婚姻也常常出現問題，沒有一個男人可以忍受長時間與一個邋遢、懶惰、不善收拾的女人相處，也沒有一個人喜歡住在雜亂的環境裡。

相反，進門後的窗明几淨、整潔舒適，會立刻給人帶來溫馨好感，讓人想到這個家裡的女人肯定勤快。

雖然很多女人強調家事應該夫妻兩人共同承擔，可是家居環境說到底還是女人的天下，女人，是一個家真正的主人，她勤快了，家裡就會乾淨明亮，她懶惰了，物品橫七雜八，桌子上落滿灰塵，男人也許會幫妳，可是他從心裡對妳產生了不滿。

當初妹妹結婚不到三年就離婚了，男方的理由就是她太懶了。用男方的話說：「知道妳懶，沒想到妳這麼懶！」妹妹還不服，大吵大嚷：「我懶，那你做啊，你怎麼不做！」

妹妹是個網路重度使用者，除了聊天、玩遊戲，幾乎想不起其他事情。每次去她家，總看到鍋碗瓢盆一大堆，衣服、鞋子到處亂扔，那個家，還不如男生的單身宿舍。

這樣的家居環境誰願意住呢？她婆婆答應過去幫她帶孩子，沒幾天不住了，說「太沒個家的樣子啦，亂七八糟的，也不知道從哪裡收拾好。」

家裡亂糟糟，妹妹卻指望老公打理。一開始，老公還有些耐心，還有些興趣，可是他每天早出晚歸，工作辛苦，哪能把心思全部用在家事上。有時候回家晚了，看見老婆還在玩遊戲，廚房裡冷鍋冷灶，真是氣不過，吵架也就不可避免。

我曾多次勸說妹妹，女人是家庭的靈魂，只有妳勤快潔淨了，家才會充滿情趣和生機。可是她不聽，還說：「30年我都這樣過了，要怎麼改？」

其實，很多現代女性都和我妹妹一樣，讀書、工作，從小到大很少有機會做家事，再加上生活條件提高，一次性用品增多、服務業發展，整理清潔之事似乎離她們很遙遠。可是，婚姻不是速食，而是慢燉慢熬出來的，在這個過程中，需要添加很多佐料、耐心等待、細心調整火候等。這需要辛勤地付出，不斷地努力，不是一朝一夕的事。

一句話，進入婚姻的女人，要想獲得家庭主婦的權利與榮耀，必須先履行主婦的職責。當然，很多女人不願幹活，不屑清潔，可是沒辦法，哪怕是「裝」，也要「裝裝」像個樣子。很奇怪的是，持續地、不間斷地「裝」，時間久了，就會變成真的，就會形成習慣。不信，妳裝裝看！堅持每天用心地收拾家事，做好清潔，保持窗明几淨，不染灰塵，裝上30年，妳肯定與懶散永別，變成一位勤快的女人。

生活白砂糖

怎樣做到花了一個男人的錢，還讓他身心愉悅呢？

聰明女人的做法是錢花得到位，比如用於整理家居，使物有所置、潔淨條理。別看男人大多不愛乾淨，但他們都喜歡清潔的女人、優雅的環境，讓一切看起來井井有條，才會給他們心情舒暢。

主婦的工作內容之一，便是保持家裡的陳設條理，窗明几淨。因為沒有一個男人可以忍受長時間與一個邋遢、懶惰、不善收拾的女人相處。

不要把自己的工作推給男人，他也許因愛妳而幫妳。但「幫」是應激反應，而不是生活的常態。假如說婚姻的常態是一個大花園，那麼，女人才是其中辛勤耕作的園丁。

愛老公，愛家，就必須愛家事。也許妳說這太難了，有一個辦法不妨試試：天天裝裝樣子去清潔。很奇怪的是，持續地、不間斷地「裝」，時間久了，就會變成真的，就會形成習慣。

打開幸福之門

結婚8週年，稱謂比較繁多，有人叫它銅婚，有人稱它電器婚。電器婚的說法，一看就是現代人的發明，在這天贈送給老婆一些電器，既能幫助處理家事，還表達了感情，倒是一舉兩得。銅婚也好，電器婚也罷，各種說法都說明一點，夫婦相處8年來，已經多了堅韌和厚度，有了一定的紀念價值，只不過這份感情仍需小心對待，有待進一步鞏固和發展。

換一種境界

有一次，我跟隨攝影組去採訪一個貧困家庭，這家孩子學習刻苦，是當年文科狀元，考入了知名大學。

走過暗仄曲折的街道，雜亂擁擠的住宅區，來到一棟破舊不堪的樓下，那個貧困家庭就住在二樓。可以想像，這種環境裡的住戶條件肯定又亂又差。隨行的一位年輕女子皺起眉頭，她也許是後悔來這裡採訪。

然而，當我們推開採訪家庭的房門時，所有人都大吃一驚。有那麼幾秒鐘，我甚至懷疑「這是貧困家庭嗎？」雪白的牆壁顯得整個房間內乾淨明亮；窗臺上的花束看起來非常鮮豔；屋裡的陳設不多，但是桌椅、板凳各就各位，秩序井然。更令人驚訝的是，客廳有個不高不矮的間隔，上面擺放著多種書籍，乍看上去，充滿了文學氣氛。

女主人十分熱情地招待我們，不停地端茶倒水。我接過杯子時，注意到杯子雖然乾淨，可是把手掉了瓷，還有一道淺顯的裂痕。我很驚訝，我開始重新打量這個房間，以及其中的一切。那些鮮豔的花束，原來是多年前流行的絹花，經過多次清洗的痕跡十分明顯；那些書籍，原來都是學生的課本，從小學到高中，排列整齊；至於家裡的家居用品，雖然潔淨有序，可都是上了年頭的陳舊，有些甚至壞了，還勉強能用。

女主人一直面帶微笑，她絲毫不為家裡的陳設而尷尬，相反，從她的言談舉止中還感覺到了自信和驕傲。她說：「我家裡的條件不怎麼好，但我很樂意收拾。我從沒有賣過孩子的課本，擺在這裡，又好看又文雅，他和他爸爸都很喜歡。」她說不少人來了，都誇她家裡有文學氣息。

也許是母親的這份愛心給予孩子喜歡文學的夢想，在這個簡陋但潔淨的小屋裡，一家人還可以感受文學，暢想未來，這是怎樣的境界和高度？

在我們周圍，比這個家庭條件富裕的人家不知有多少，但又有幾個女人能夠像這位女主人一樣，營造出如此溫馨、充滿夢想的家庭氛圍呢？

家裡的陳設代表著一家人的品味，太多女人在家居裝修時都會抱怨：「沒有錢怎麼裝飾啊？」「就這樣的條件，有什麼鋪排的？」「湊合著住吧！」這些依賴物質的女人，不夠聰明，更不夠勤快。婚姻不能湊合，物質條件有限，但是人的創造力無限，同樣的家具，不同人安置，會把它們放在不同的位置，營造完全不同的家庭環境。就像同樣的婚姻，有的女人經營得幸福美滿，有的女人卻總有各種藉口，將其經營得一團糟。

什麼樣的陳設，表示著什麼樣的境界。如前面那位女主人，把家裡僅有的物品打理整潔，擺放得體，竟然給人高品味的感受，獲得高素質的評價。這是理所當然的收穫，是對她用心經營的獎勵。

記得小時候家裡也不富裕，但是母親很熱愛生活，她經常帶領我和哥哥變換家具位置，今年把床放在左邊，明年又把書桌挪到了前廳。在她調理下，空蕩的房子顯得熱鬧了，總覺得家裡有很多家具，我家比其他人家富足。

「富足」的家庭印象影響了我一生，讓我在那個貧瘠的年代，仍能感受到一些貴氣的生活品味。

看看眼前的日子，身為主婦的女人們還有什麼抱怨和拖延的？提升家庭品味，不妨從現在起著手家裡的陳設。最簡單最省錢的辦法就是變換家具的位置，適當地調整，比如在客廳擺放書籍，會給人文雅之感；換一換牆壁的顏色，會帶來全新的效果……

生活白砂糖

什麼樣的陳設，表示著什麼樣的境界。

婚姻不能湊合，物質條件有限，但是人的創造力無限，同樣的家具，不同人安置，會把它們放在不同的位置，營造完全不同的家庭環境。就像同樣的婚姻，有的女人經營得美滿幸福，有的女人卻總有各種藉口，將其經營得一團糟。

家居環境是婚姻的外套，必須穿得得體，穿出品味。所謂「生活藝術化，藝術生活化」是家居陳設的具體指導思想。

一對上班族夫婦，在追求簡單化、功能化的同時，可以考慮擺放鮮花、綠色植物，展現家居環境的優雅，擺脫工作的枯燥和乏味之感。

在古玩流行的今天，適當地陳設一二，會展現主人的高品味。當然，這類東西真假難辨，負擔得起為最合適。

不管什麼樣的家庭，最好不要少了書籍。客廳、臥室，都是比較好的選擇。

經常變換房間的陳設，小範圍的，最好不要定期，這樣才會帶來新鮮感，改變心情。每過幾年可以進行一次「大變動」，添置或者遺棄一些陳設物品，更換家居風格，給生活全新感受。

打開幸福之門

美國稱結婚9週年為柳婚，也有陶婚一說。

柳婚，顧名思義，婚姻如柳枝一樣有了韌性，美感飄飄，十分陶醉。

至於陶婚，意思是說婚姻就像陶器一樣，隨著時空旋轉，兩雙手不停呵護下，漸已生成的瓶器。成功的呵護，給雙方良好的感覺，雖有些土氣，但依然代表著心血的凝聚。

需要注意的是，陶器雖美，卻易碎，擁有者必須小心再小心。

常見常新

在我們公司，提起艾薇，女同事們都會自嘆不如。她負責好幾個部門的工作，每天要做的事情，簡直堆成山，可是我們很少見她精神不振、無力應付的時候。人前人後，她總是一副樂觀的形象，神清氣爽，得心應手。我很奇怪，她如此強大的能量到底來自哪裡。

女人，都是喜歡八卦的，有些女同事悄悄議論：「艾薇這麼迷戀工作，家庭生活一定不幸福。」「說不定人家老公支持她呢！」「她老公肯為她打理家事？讓她在外打拼……」

後來，由於工作關係我調到了她的手下工作。與她相處久了，我發現她有個習慣，每天都把自己的辦公桌徹底清理乾淨，連一張紙都不留。

為什麼這麼做？有一次我忍不住提出了自己的疑惑。艾薇笑著說：「這是我從做家事中體會到的經驗。」

幾年前，她搬家時，覺得很多東西都不捨得扔。是啊，這些東西都是她辛苦買來，親手佈置的，與她是有感情的。儘管老公再三建議她扔掉，可是她最終把它們帶進了新家。然而，到了新家她才發現，很多東西與新環境格格不入，甚至變成礙眼的累贅，連味道、風格都走樣了！

從這件事上，她恍然，該捨就得捨，生活在現代快節奏的社會，做什麼事情都要追求效率。

從此，她養成了高效率處理家事的習慣。為了減少不必要的麻煩和煩惱，她添置了各種小電器，比如蒸汽掛燙機。傳統的電熨斗熨燙衣服，不僅需要技術，還會很不方便，費時耗力，效果也不見得好。而掛燙機不要任何技術，而且還不必擔心衣服布料受損，輕鬆省時。

真沒想到，公司裡的女強人居然還是做家事的好手！我很驚訝，也很感嘆：「我一直奇怪妳怎麼天天精力如此充沛，還以為妳在家是懶蟲，需要人伺候呢！」

艾薇樂了：「我可沒那福氣。我是家裡的『一把手』，大小家事我全包了，他們父子倆從不聽我指揮。」

看得出來，她們一家三口是幸福的、和諧的。

很多人都問過艾薇一句話：「妳事業做得那麼好，要是在事業和家庭之間做一個選擇，妳會選擇哪一樣？」她毫不考慮地回答：「除了家庭以外，我什麼都可以放棄。」對她而言，「家」是家人心靈的歸宿。

現代女性面對生活、工作的雙重壓力，常常力不從心，也常常引發婚姻危機。其實，從艾薇身上我們可以看到，很多事情也許沒有想得那麼可怕、那麼複雜。不為生活所累，就要學會打理生活，如果還像祖輩的女人那樣做家事，再能幹的女人恐怕也沒有時間去上班。

適應現代社會，就要有一套高效率的做家事手法。

該清理的即時清理，比如過時的書報、廢舊的家具；留著它們，除了佔用空間，還會佔用時間去整理。

與時俱進，添置高科技電器，比如吸塵器，為日常清潔工作節省了大量時間，女主人不必彎腰弓背勞作，減輕勞動量。

實在不願幹活的時候，不妨說出來，請居家清潔公司幫忙。這沒有什麼不好，畢竟婚姻生活中保持愉悅的心情，比其他更重要。

生活白砂糖

高效率處理家事，女人必備的用具包括洗衣機、多功能掛燙機等。

多功能掛燙機，既可以熨燙衣物，還可以轉換成一把蒸汽拖把，幫妳拖地板；或者一把蒸汽清洗機，幫妳擦玻璃。它就是一個小型機器人，會給妳帶來很多便捷服務。

除了這些現代化用具外，女人要想提高家事效率，還要遵循計畫性和簡單化的原則。

比如把家事活分類安排，每天、每週、每月的家事大致列一下。每個月做一次大掃除、每天清理一次廚房、每週進行一次大採購等等。事先寫張清單，有機會有步驟地進行。每天的日常家事也要安排得當，早晨做什麼、晚上做什麼，形成規律性活動。

簡單化的內容很多，比如家庭陳設盡量簡單大方，減少清潔整理的麻煩；還有日常事務盡量減少，多穿好洗好晾曬的衣服等。重要的是，對家事不要太苛求，不必事事追求完美。適可而止，減輕勞動強度和數量。

當然，恰當的時候，不妨挑動一下老公的積極性，分工合作，既高效又能在勞動中增進彼此情感。

打開幸福之門

錫婚，是指結婚10週年，這是一個比較通俗的稱謂，從歐美到亞洲，都將結婚10週年稱為錫婚。

錫，堅固，不易跌破。錫器，如銀器般光潔明亮，素有「盛水水清甜，盛酒酒香醇，儲茶味不變，插花花長久」的美譽，互贈錫器的夫婦，一定可以感受到來自對方的關愛和體貼，10年婚姻的甜蜜與容忍。

像養花兒一樣養愛情

住在樓上的賴女士喜歡花卉，逢年過節，總會搬回幾盆蘭花、杜鵑什麼的。可是每次都是好景不常，這些花都枯萎死掉，最後被扔進了垃圾箱。

有一年國慶，賴女士不知從哪裡弄來一盆墨菊，開得正好看。在車庫看見她時，滿臉喜悅，開心地對我講：「妳看我這盆花怎麼樣？」我剛想恭維幾句，恰好她老公進來，劈頭就是一句：「再好看的花有什麼用？還不是被妳養死！」

賴女士與老公的關係不怎麼好，她也常常表示對老公不滿，認為他毫無是處，沒有品味，不值得欣賞。男人最怕老婆瞧不起，一旦他有了這種暗示，會迅速頹廢下去。賴女士的老公就是這樣，在老婆不以為然的評價下，他的事業一天不如一天，簡直無法與老婆相提並論。

賴女士是銀行主管，收入高，工作好，看著老公節節後退，真是氣憤難容。

可是，婚姻不是說散就散的，難容也得容。賴女士把心思寄託在了家居裝修、陳設佈局上，她覺得只有豪華高貴的家居環境才配得上自己，才能給自己心理平衡。

做了幾次裝修後，賴女士愛上了養花，常常不惜花高價購買各種花卉。

可惜，她買回來之後，因為不懂養護，所以健康茁壯活下來的並不多。

花卉，是家居環境裡不可缺少的陳設，一小盆綠色植物，點綴得當，整個房間內都有了生機。

許多主婦喜歡花卉，卻不懂如何擺置，更不懂如何養護，其實，花卉說到底是家居裝飾品，只能做為點綴，不可以弄得像個花房。比如在茶几上擺一些較小的觀葉類花卉、在拐角處放置一公尺左右的高大植物，會發揮很好的裝飾效果。選擇花卉，應該根據家庭情況，比如住在高層的話，陽光充足，一些喜陰的植物如綠蘿、蕨類，就不適合養殖。

女人愛美，所以女人愛花，花卉雖好，不懂養護，愛美之心就變成了迫害之舉。

花如愛情一樣，動人而嬌貴，只有用心恰當的養護，才會開了又開，永不枯萎。

從網路上流行的養花遊戲，就可以看出養花的辛苦——播種、調整土和水的比例、細心照料、修剪，一個步驟都不能省。而且，花草長大後，進行配種工作，還可以獲得新種子。這是辛勤付出的過程，猶如女人的婚姻，嫁人只是播下了種子，接下來的工作還有很多，妳才會和老公共同孕育出幸福的生活。

那些像賴女士一樣的女人，只希望老公滿足自己的虛榮心，卻不懂如何養護愛情，呵護男人，結果愛情像花兒一樣枯萎凋零，奈之如何？

投入熱情，收穫成功；投入愛心，收穫希望；投入勞動，收穫果實。

花卉做為家居擺設，是許許多多家庭的選擇；或大或小，或多或少，有那麼一兩株綠色植物，再窄小的空間內也會綻放生機。

花卉是有生命的，需要照料和養護，需要給予愛心和耐心。

首先，應該根據空間性能，對花卉的高低大小、花色品種進行搭配。比如臥室裡適合放文竹、吊蘭等形體不大、淨化空氣的植物；餐廳適合放小型綠色植物，調節氣氛，而且葉片要厚，抗油煙效果好。

其次，根據花卉形體大小，選擇適合的花器。搭配得當、與時尚潮流吻合的成品花卉，宛如一件藝術品，給家居帶來美觀和清新。

最後，動手動腦，澆水施肥，學習花卉知識，多與有經驗的人交流，不斷付出，不斷收穫。

打開幸福之門

結婚11年的日子，叫鋼婚，意指婚姻如鋼鐵般，不會生鏽，還比銅鐵堅硬。硬度的增強，說明婚姻的堅實性，可是也暗指此時的婚姻還缺乏一點柔韌性，不夠柔和。過硬則折，提醒夫婦應該相互謙讓，不必太苛求，不必太強硬，相濡以沫才是最大的幸福。

守住他對妳的好感

多年不見的同學從網路上發來幾張照片，是在她家裡照的，有他們夫婦和孩子，還有家裡的花花草草，當然，背景就是家居環境。從潔淨整齊的陳設、生長茂盛的花草來看，她和老公過得很幸福、很和諧。

我打趣說：「瞧妳過的，跟神仙似的，真幸福。」

她笑了：「別笑話我了，還神仙呢！都老了。」

她和老公都是我的同學，高中時戀愛，大學後結婚，像很多普通夫婦一樣過著朝九晚五的生活。不同的是，她老公小時候患過小兒痲痺症，左腿不大利索。

記得當初他們戀愛，家裡是很反對的，當然是因為男方的殘疾。不過，女同學很堅決，毅然決然嫁給了他。

婚後的日子，激情退潮，回歸平淡，由於老公腿腳毛病，女同學在家庭中的付出顯然更多。洗衣做飯，清潔整理，樣樣都離不了她。

一些小事她還應付得了，可是遇到裝修、更換大的家具時，就很麻煩，不得不請人幫忙。

雖說如今居家服務遍地都是，可是有些事情還是不大方便。像他們這樣的普通家庭，收入不多，也不願多花錢請人做事。

有段時間，女同學很鬱悶，覺得這不是自己想要的日子，這種日子過下去很沒勁。她累了，也煩了，她內心產生了退卻的念頭。

她大老遠地來到我這裡，對我訴說苦悶，尋求解脫。

突破世俗偏見得到的愛情，難道真的經不住世俗事務的考驗嗎？

我們談了很多，我說：「妳為何不換種思維去想呢？老公是自己選的，自己愛的，有缺點肯定也有優點。你們有一個共同的家，這是你們的城堡，需要你們兩人去守護。」

有首歌叫做《回家的感覺真好》，其中唱道：「我的家就是我的城堡，每一磚一瓦，用愛創造，家裡人的微笑，是我的財寶，等回家才知道，自己真的重要，雙手能為家人而粗糙，多麼榮耀，多麼驕傲……」

女同學很受感動，但她還是表示，一個女人的能量有限，很難支撐一個家庭。我說：「妳錯了。你們家不是一個人支撐，妳想想，妳老公是不是在默默奉獻？」他老公其實是個很自覺的人，力所能及的事情從不麻煩她，而且還常常幫忙洗衣服、陪她做飯。對於家居陳設，更是熱心設計，積極謀劃，為了營造溫馨的家庭氛圍，甚至跑遍市場，尋找女同學喜歡的拼圖花色。

後來，女同學回家了。再後來，她給我打電話說，她和老公參加了當地一個家居設計的活動，獲得了「溫馨港灣獎」，她真是開心極了。

家，是心靈的港灣，可以不富裕，但不能不溫暖；可以不奢華，但不能太單調。家要有個家的樣子，誠如婚姻，守住彼此的好感，就是守住了一生的幸福。

生活白砂糖

居家過日子，少不了瑣碎家事。多少女人喜歡這些瑣事，並能從中獲得快樂呢？換位思考，從新的角度出發，會獲得不一樣的感受。

比如掃地、拖地時，不要單調地揮動胳膊，而是全身融於動作中，踝關節、臀部、膝關節一起動起來，怎麼樣？是不是有種舞蹈的感覺。

彎腰拿東西的時候，不要僵直，而是由腰部開始彎曲，彷彿以手觸腳趾的運動，會使大腿和臀部的肌肉更堅實。

把灶間當作芭蕾舞練習場吧！在烹飪空檔，離開灶臺90公分，用左手抓住臺邊，舉右腿，將膝蓋和腳尖伸直，前後搖擺10次；其後，左腿重複；接著，面對洗碗槽伸直手臂，握住槽邊彎曲膝蓋，維持5～10秒鐘。

還有，在家裡穿一些寬鬆衣服，會瞬間消除妳的「肥胖」，讓妳體會瘦弱的感覺。

就連平常走路的時候，也盡量挺直脊背，昂起腦袋，讓自己看起來精神抖擻。

打開幸福之門

結婚12年的稱謂，世界各地的叫法不同，法國人稱為「絲婚」、美國人稱為「亞麻婚」、英國人稱為「皮革婚」，還有人稱作「鏈婚」。不管哪種稱謂，都說明了一點，經過12年的共同生活，夫婦之間的關係已經比較踏實，比較牢靠。具有一定的張力，柔弱而舒服。不像紙那麼薄，也不像布那樣單薄，它的柔韌性足以經得起風雨或平淡的考驗。

第四勺糖

浪漫永不過期

——常常給他一個驚喜，偶爾再來點小叛逆

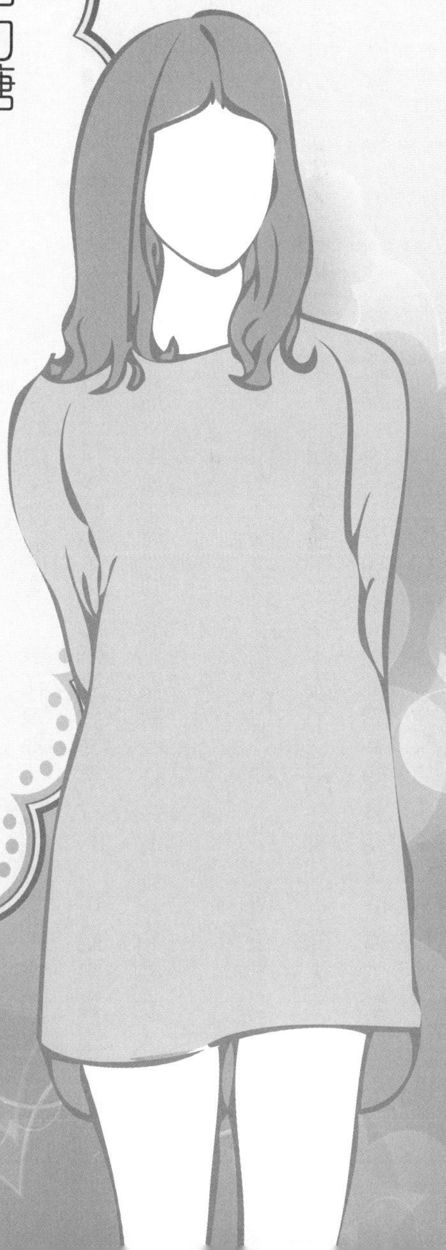

突然來一次潑辣

老公的幾個朋友約著去釣魚，說好了攜家帶眷，可是孔順杰單槍匹馬，一人扛著魚竿趕來了。我奇怪地問：「小文呢？怎麼沒來啊？」小文是他妻子，是出了名的溫柔賢妻，不僅長得漂亮，還性情柔和，這麼多年很少聽她大聲說過話。

孔順杰回答：「我媽病了，留下她照顧。」

真是好笑，母親病了，孔順杰還不忘釣魚，卻把妻子留在家裡。這個小文，未免太賢慧了！在我們的印象中，現在的女人應該沒有幾個像小文這樣安守本分的。可是事實還是說明，不少女人無法擺脫「良家婦女綜合症」。所謂「良家婦女綜合症」，是指有些女人過於賢慧、不懂得珍惜自己，甚至缺乏自我意識。

不是反對女人照顧婆婆，而是說女人應該有自己的主張和思維。小文留在家裡也沒什麼，可是她長期以來，為了婚姻為了家，已經放棄了工作，成了名副其實的全職太太。在家裡，她對老公百依百順，用我老公的話說，她就是孔順杰身上的一塊膏藥，貼得太緊了。

溫柔的女人固然吸引男人，讓男人喜歡，可是太溫柔的女人也會讓人吃不消。旁觀者清，我們已經注意到小文和孔順杰的關係不如從前親密和諧，孔順杰的話裡話外，都流露出

一種膩了的感覺。

這不，另一位朋友的妻子趙惠娟聽了孔順杰的話，馬上嗤之以鼻：「叫小文照顧你媽，那你幹嘛？」

趙惠娟也是個溫柔的女人，不同的是，她懂得調劑自己的生活。

有一次，老公休假時回了老家，卻撒謊說在公司加班。他原以為溫柔的妻子不會當回事，即便知道了他說幾句好聽的，也就息事寧人。不料趙惠娟一改往日溫柔作派，大有與他理論一番的架勢，不依不饒。最後，老公服氣地說：「真沒想到，妳還這麼潑辣！」趙惠娟說：「那當然，過日子不潑辣點行嗎？」

一點也不假，過日子是個潑辣的事，溫溫柔柔、你情我儂，那只是愛情劇中的片段。溫柔的趙惠娟，會偶爾在家裡上演一段潑辣劇，竟讓老公十分受用。他悄悄對我們說：「別看我家惠娟文質彬彬的，其實可厲害呢！」

從他的話裡我們聽出了敬重和愛慕。我想，女人要想獲得婚姻的穩定與和諧，離不開男人的這兩點心理因素。如果一個男人不把妳當回事，又如何與妳共度一生。

很多婚姻的不幸，都是溫柔惹的禍。偶爾來一點叛逆，來一次潑辣，就像高中時偷偷溜出去約會，害怕被抓住的心情一樣，會給平凡的日子帶來刺激和新鮮。

當溫柔成了負擔，男人就會想方設法甩掉；當婚姻失去了新鮮，再想維持下去就會很難。

趙惠娟的秘訣是：不時往婚姻裡添加點佐料，酸甜苦辣鹹，刺激一下味覺，刺激一下漸趨麻木的神經。

事實上，很多吵吵鬧鬧的夫妻最終修成了正果——白頭偕老，因為他們的婚姻時時充滿新鮮感、刺激感；而許多溫柔似水的女人遭到了拋棄，她們的老公覺得跟她在一起缺少點什麼，厭倦感日生，當恰好一位新的美麗的陌生女人出現時，很容易吸引他的身心。

浪漫葡萄糖

溫柔賢慧，是男人最喜歡的女人類型，惹人喜愛，讓人安心；可是凡事皆有度，過分賢慧會讓人吃不消，讓男人覺得沒意思，久而久之產生厭倦感。實際上女人「小壞」一下下，時常刺激一下逐漸麻木的婚姻神經，更容易拴住男人的身心。

「小壞」，指的是對自己好，懂得愛護自己、呵護自己。不能把男人看成自己的全部。不讓男人左右自己的生活，該潑辣的時候，不必裝溫柔；該生氣的時候，也不必隱瞞自己的感覺，說出內心的想法，注重自我意識培養，甚至刁蠻一點點，讓男人對妳一直有新鮮感，有刺激感，這樣他才會離不開妳。

打開幸福之門

結婚13年是傳說中的「花邊婚」，意喻婚姻多彩多姿，生活豐富有趣。這時的夫婦關係，就像衣服上的花邊，美麗而體貼。慶祝花邊婚，要符合本意，盡量弄得溫馨浪漫，充滿詩情畫意。

比如一些小旅遊、浪漫的約會，送給對方鮮花、巧克力等。

裝裝傻，喚起他的心疼

幾個年輕女同事湊一起，總少不了議論青青，「她可真是有福氣，說話笨笨的，卻那麼有人緣。」「人家不僅人緣好，嫁得也好啊！聽說老公是位小開，還很寵她。」

青青和我一起工作五年了，她長相一般，說不上好看但也不醜；她性格溫和，做事低調，沒有什麼值得誇耀的地方。總之，從才情、相貌上看，她屬於很普通的女子，比她漂亮、比她有才的女人，多了。

就是這樣一個女孩，從工作到如今，一直深受同事們喜愛；戀愛、婚姻，也是一路綠燈，直奔幸福的彼岸。她老公十分愛她，常常接送她上下班，還不時製造點浪漫，送花、燭光宴會、小禮物，從不間斷。

青青的幸福故事惹得不少女孩羨慕、嫉妒、恨，甚至有漂亮女孩憤憤不平：「這個世界就是這麼不公平，她哪一點強過我？憑什麼她要風得風、要雨得雨？」

憑什麼？女人喜歡攀比，喜歡用外在條件衡量自身的幸福，可是事實就是這麼殘酷，也許她真的樣樣不如妳，但在男人眼裡，她就是比妳好。

「人氣」是很重要的東西。一個女人，漂亮與否、聰明與否，都不是最重要的，重要的

是有沒有人氣，有沒有與人互動、互樂、互相取悅的氣場。一個美麗高傲如天鵝的女人，確實值得人們敬仰，可是如何與這種女人交朋友、談戀愛呢？說白了，男人也許為了征服慾追求這類女人，可是一旦追求成功，接下來的婚姻該如何維持就是一個大難題，誰也不願天天抬著頭看著她的臉色過日子。

有人氣的女人，也不會是那種乖巧如貓咪、婉轉如百靈的類型，因為這類女人往往嫌貧愛富，希望像寄生蟲一樣的生活，真正的人氣女王，其實是那些看起來不夠漂亮、不夠聰明，但卻憨態可掬如企鵝般的可愛女人。

這類女人的最大特點是：可愛。她們的魅力來自於天真的微笑、寬容的心態、憨厚的交際風格，以及輕鬆自在的相處原則。

一句話，這是一種有時候看起來有些「傻」的女人，就像青青，在工作中很少有什麼問題，總是那麼「怡然自得」的樣子，讓人見了都覺得放鬆；在婚姻中，也是傻傻呵呵，很少指責老公的缺點、錯誤。有一次，老公背著她在外地購置了房產，好心姐妹們都勸她：「妳老公是不是搞外遇啊？妳要好好查查。」青青沒有像其他女人一樣對老公窮追猛打，而是裝傻充愣，一兩年時間都不聞不問。

後來，老公不但告訴了她真相，還說那是送給她三十五歲的生日禮物。眾姐妹譁然：「世上竟有這麼好命的女人！」

是她命好嗎？在我看來，這與她擅長「可愛」有直接關係。

人是因為可愛才美麗，可愛，不僅僅是一種姿態，更是一種心態。精明伶俐固然少吃虧，可是「笨」一點、「傻」一點，看似吃了虧，實則更容易獲得世俗支持率。

浪漫葡萄糖

當女人看著一件新電器問老公：「這是什麼？這個東西有沒有毒？」時，老公會笑妳傻，但也會認真地閱讀電器說明，並煞有其事地告訴妳如何使用它。

在婚姻中，男人都想扮演精明強幹的「家長」、「護花使者」，來顯示自己的聰明才幹，女人，如果與他一樣強大出色，勢必搶了他的風頭，也就折煞了他的銳氣和好感。所以，與其事事精幹，處處操心，倒不如適當地「裝裝傻」，既滿足了他的心願，還獲得婚姻的穩固和久遠，何樂不為？

打開幸福之門

褪去任性和懵懂，從青春年少到為人父母，多了冷靜和寬容，婚後14年的磨合使夫婦開始重新認識婚姻、感觸婚姻。

14年的婚姻，又叫象牙婚，這時的婚姻已經剔去了脆弱和稚嫩，漸漸發出美麗而柔和的潔白光芒，宛若時間愈久、色澤愈光亮美麗的象牙，潤澤而珍貴。據說，用象牙做的筷子可以測試出食物是否有毒，那麼，走進象牙婚的男女，也該對經歷了14年的婚姻做出優與劣、幸與不幸的判斷。

慶賀象牙婚，告訴他或者她你的愛依舊，為彼此尋找一段浪漫的機會。燭光晚餐、牽手漫步、適當的小禮物，都是不錯的選擇。

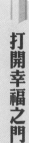

亦正亦邪，欲擒故縱

別看孫月伶貌不驚人，但她活潑調皮的性格是很多女人不及的。這些年來，她練就了一套成功的禦夫術，屢試不爽。那次我們同學聚會時，大家喝了幾杯酒，所謂酒後吐真言，她誇誇其談跟我們講了很多她和老公之間的故事。

她說，她最喜歡的招數就是「亦正亦邪」，不能太認真。這一點我們都相信，以她精靈可愛的性格，像黃蓉一樣降服郭靖，應該不在話下。夫妻生活，少不了磕磕絆絆，他們夫婦也是一樣，吵架生氣的事情也時有發生。

有一次，不知為何兩人鬧得比較僵，好幾天沒怎麼說話。老公陰沉的臉，讓孫月伶心裡像埋了個地雷，特別不舒服。她清楚，這次衝突因她而起，是她錯怪了老公，看來不主動認錯是不行了。可是認錯有認錯的竅門，直接地說「我錯了」，反而不見得有什麼效果。

一天晚飯後，孫月伶不小心碰翻了孩子的奶瓶，本是小事一樁，可是正在氣頭上的老公眼看著就要發火。孫月伶趁機展開「撒嬌」戰術，故作委屈地說：「我可是你老婆哦，老婆是用來哄的，不是用來氣的，對不對？」老公緊繃的臉色瞬間融化，孫月伶趁機繼續說：「我比你小，沒有你懂得多，你可一定要包容我。再說好男不跟女鬥，人家可是女生啊，難免犯錯嘛，你不能生氣的。」

聽她這番言論，老公哪裡還有氣生，而且對這個主動示弱的嬌妻從心底充滿了好感，也增生了呵護疼惜之心。

男人就是這樣，正經八百的女人往往出力不討好，而那些適當地耍耍心計、撒撒嬌，亦正亦邪的女人，更易讓他們欲罷不能。

為了給婚姻保鮮，孫月伶慢慢總結了很多經驗，她認為與其每天盯著男人不放、擔心他出軌，倒不如多找些有意義的事去做。她告誡我們，網路時代女人切記：男人的手機和即時通不能碰，否則就是自尋煩惱。為男人保留一絲隱私，就是為自己保留一份顏面。她不僅不去查閱老公的這些東西，還經常有自己特立獨行的行蹤。

有一段時間，她忽然時常跟老公請假，今天說：「親愛的，我加班，不回去吃晚飯了。」明天說：「知心好友生日，我們要去玩通宵派對。」後天又去娘家串親戚，七大姑八大姨，親情無限，人影不見，老公幾乎見不到她了。

不出一週，老公就撐不住了，他擔心老婆是不是有了……簡直不敢往下想，卻沒有證據討伐她，怎麼辦，只好努力討好老婆，以圖挽回局面。

這天，還沒下班，老公電話就打來了：「寶貝，好幾天沒有一起吃晚飯了，今天我準備大露一手，做妳最愛吃的紅燒魚，怎麼樣？想不想吃？」

孫月伶故作矜持，然後緩緩而言：「算了吧！週末不是你們朋友聚會的日子嗎？別怠慢了他們，我看我還是去……」不等她說完，老公那邊接過話茬：「妳哪也別去了，我都買好魚了。魚一放就不好吃，趕緊回家吧！」

孫月伶樂壞了，她玩「消失」，是欲擒故縱之計，老公果然中了她預設的局，一改往日「兄弟是手足，老婆是衣服」的觀念，對她大獻殷勤。孫月伶開心地回家吃魚，當然，夫妻之情在這件事刺激下越發甜蜜有味。

浪漫葡萄糖

如果女人總是清楚老公的行蹤日程，對他的一舉一動瞭若指掌，他們的婚姻必定像上了枷鎖，十分累人。

女人，完全不需要每天知道老公去了哪裡，跟誰在一起，做了什麼。聰明的女人總是將自己打理得很有意義、很充實，當老公8點回來時，妳還在健身；當他10點回來時，妳在悠閒地泡澡，那麼妳哪有閒心去管他那麼多！

正經八百的女人往往出力不討好，而那些適當地耍耍心計、撒撒嬌，亦正亦邪的女人，更易讓他們欲罷不能。

打開幸福之門

結婚15週年是傳說中的「水晶婚」年，是說夫婦相處15年之後彼此非常瞭解，向對方敞開了心扉，肝膽相照，猶如水晶般晶瑩透明。在美國，到了水晶婚時夫妻常常互贈禮品，互相讚美和致謝，或者乾脆畫一幅大圖畫，寫上感謝的話語掛在門口，讓對方回家時遠遠望見。這些做法對促進婚姻幸福大有裨益。

慢慢調教

與網友露露聊天時，她向我大吐苦水，訴說老公的種種不對之處。他們結婚快七年了，從最初的你情我儂到如今彼此看不順眼，婚姻正在經歷一場苦變。露露說了老公很多很多毛病，什麼不講衛生、不做家事、天天酗酒、與她相處的時間越來越短……我聽出來了，露露看不慣老公的各種習慣，希望予以改造，讓他變成自己喜歡的樣子。

我說：「那妳當初是怎麼看上他的？」

露露愣了愣，隨即笑道：「當初眼神不好，被他騙了。」

是自己眼神不好，還是人家騙了妳？後悔是婚後女人的一大特色，總覺得所嫁非人，受了虧待，總是在琢磨：「如果不是嫁給他，日子會比現在好，或者怎麼怎麼樣。」

女人在後悔的時候，往往忽略了一點：男人是不是也後悔娶了妳？

結婚不是女人的一半加上男人的一半，而是妳的全部與他的全部相結合。彼此需要接受的，是對方的全部，其中既有優點，當然也有缺點。

記得我和老公也經歷過這樣一段時期。彷彿忽然間，我發現老公那麼懶惰，不愛洗衣做飯，從不哄孩子，除了上網就是與朋友喝酒、抽菸。我成了家裡的保母，專門伺候他。我很

惱怒，決定對他進行改造。

那天，不知為何我們吵了起來，我把鍋碗瓢盆扔了一地，然後說：「你不做飯，就別想在家裡吃飯！」

老公臉漲得通紅，賭氣說：「不吃就不吃。」說完，轉頭走了。

之後，我們冷戰很長時間。我想了很多，覺得老公是有錯，可是這樣強硬地改造他，效果不會好。男人不是女人腳下的拖布，想怎麼擺弄就怎麼擺弄。男人，不是用來管的，也不是用來改造的，婚姻生活是享受彼此適應的快樂，而不是忍受互相改造的痛苦。

我改變了策略，開始學習慢慢適應他，實在不能接受的地方，也不再是硬硬地去改造，而是慢慢調教。

老公不愛做家事，我會藉著小病小災時，故意大呼小叫，誇張自己的痛苦感。不用說，老公立刻刷鍋洗碗，殷勤侍奉，唯恐老婆大人病情加重。我除了偷偷高興，自然不會忘了誇獎：「還是老公好，最懂得疼老婆！」

老公不但歡天喜地做了飯，還在我的誇獎聲中信心大增，累積了做飯經驗。

這是我採用的策略之一，雖然屢試不爽，但也不可過分使用，畢竟這種做法有「撒謊」之嫌，一旦曝露，恐惹他心生不滿。

我採用的策略之二，是在人前人後誇獎老公能幹體貼，而不是像多數女人一樣訴苦告狀。尤其在老公朋友、同事面前，誇他愛家、愛業，他會像吃了蜜一樣甘甜。我發現，男人就像是動物園的動物，妳怎麼馴化他，他就怎麼去做。當他每次都從妳這裡得到肯定和關懷時，久而久之，就形成了條件反射，習慣性體貼妳、照顧家庭，真的成了愛家、愛業的好模範。

浪漫葡萄糖

結婚不是女人的一半加上男人的一半，而是妳的全部與他的全部相結合。彼此需要接受的，是對方的全部，其中既有優點，當然也有缺點。

改造，不如慢慢調教。

男人就像是動物園的動物，妳怎麼馴化他，他就怎麼去做。要想讓他糾正缺點，最好給他適當的甜頭，比如誇獎、肯定，還有親吻、擁抱等甜蜜語言和動作，都會鼓勵他釋放無窮的動力。

打開幸福之門

經過20年的打磨，婚姻已如青花瓷一樣值得珍惜，只是瓷器易碎，需要格外小心地呵護。因此，這個紀念日叫做「瓷婚」。

20年歲月不算短，在喜怒哀樂的陪伴之中，你們已經磨合出光滑的一面，屬於你們的整體，不得不珍惜，不可不細緻。

在這天，暫時放下生活的瑣碎，為彼此投入一次，來一次久違的相約，同看日出日落……

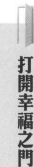

分享他的嗜好

後來，我把自己的經驗教訓告訴了露露，她聽後，感覺十分受用，並決定親自實行。一段時間後，她告訴我：「奇了怪了，老公真的不再那麼惹人討厭了。」

露露的老公有個惡習，酗酒成癮。為此，夫婦倆吵了多次、打了多次，可是她老公舊習難改，照樣經常喝得爛醉如泥，對她和家庭不聞不問。

這樣的日子簡直沒辦法過下去，露露常常這樣想，越想就越覺得老公可惡，恨不能把他趕出家去。

露露沒有趕走老公，卻將婚姻趕到了分道揚鑣的邊緣。在沒有其他良策的情況下，她選擇了我的經驗，不再強硬改造，而是學著適應，慢慢調教。

我告訴露露，妳老公縱有一萬個錯誤，也應該有正確的地方，有妳喜歡的地方。與其盯著他的缺點，為什麼不去開發他的優點呢？

露露很快回覆我，她老公除了喝酒，還有個嗜好就是看足球，幾乎每場賽事都不遺落。以前，她對這件事頭痛不已，因為看球與老公不知吵了多少架。每次吵架，老公醉酒的頻率就會直線上升。

現在，她聽了我的勸告，忽然有了新的認識，與酗酒相比，看球雖說不上多麼討她喜歡，可是也不至於深惡痛絕。如果學著分享他的嗜好，容忍他看球，會不會改善彼此的關係？

歐洲足球盃期間，老公天天夜裡2點左右起床，露露不再罵他，也不再嘔氣，而是主動對他說：「看球很耗精力，早上我給你熬了補湯，記得喝。」然後，她忙她的事情，或者安心睡覺，或者早早起床上班，或者做些家事，根本不把老公看球的事放在心上，只是專心於自我，將自己打理得精彩萬分。

老公反而沉不住氣了，晚飯時主動洗碗，還說：「老婆，我天天看球，是不是打擾妳休息啦？」

露露不露聲色：「沒有，你看你的，我睡我的，不是挺好的嗎？」

第二天，老公破天荒早早回到家中，還提著一大包蔬果，親自洗好了給露露和孩子吃。他已經好幾天沒有醉酒了，露露記得清楚，看他這麼勤快的樣子，露露打心眼裡高興。

飯後，老公和孩子一起看電視，少不了足球節目。孩子很天真地向爸爸詢問足球的問題，老公很開心，高談闊論，儼然資深足球專家。露露覺得眼前的氣氛很溫馨，她已經很長時間沒有感受過了。也是，從前每當聽到老公說「足球」，她就怒從膽邊生、惡從心底起，不知為何，今天她完全是另一種感受，覺得老公真是知識淵博，言談豐富。

不知不覺，露露也融入到他們父子倆的談話中，一邊聽老公講解一邊欣賞節目，還真是別有一番情趣。她第一次這麼有興趣地瞭解著足球，也在重新認識自己的老公。原來，老公沒有自己想得那麼不堪，他眉飛色舞的樣子，專心致志的表情，真的很讓人喜歡。

露露不再反感老公看球，還漸漸地喜歡上了與老公一起討論足球。那情景，夫妻倆彷彿回到熱戀時，找到了甜蜜浪漫的密碼。

說來有趣，自從露露與老公分享足球之樂，老公的酗酒之癖竟然神奇減弱，他很少喝得爛醉，即便外出應酬，亦是如此。

浪漫葡萄糖

與他人拉近距離的最好辦法，就是分享他的嗜好。這一條定律同樣適用於夫妻間。

不要覺得夫妻之間就可以隨隨便便，不必尊重對方的愛好，甚至肆意詆毀，不顧顏面。事實上，來自伴侶的肯定和認同，更容易給一個人帶來信心和希望，也更容易促發彼此的情感進程。

每個人都有自己的好惡，太多女人都說無法忍受老公的各種習慣。可是，男人的習慣難道一定錯了嗎？很多習性本來沒有對錯之分，只是妳能否接受的問題。其實，女人在抱怨老公的時候，應該首先想想自己的習性，有沒有讓老公反感的？

做為女人，要做的不是挖空心思糾正老公的習性，而是學會分享他的嗜好，在這一過程中，妳會發現與老公的心靈更加貼近，彼此相互融合。

有了這樣的基礎，那麼老公的一些惡習也會慢慢被妳矯正。因為你們已經合二為一，他的缺陷也好，優勢也好，都帶著妳的印記。

打開幸福之門

婚姻走過25個年頭時，已有了恆久價值，那麼互贈銀器以鼓勵、以感激，就形成了習俗。銀婚的概念由此產生，這是夫婦婚後第一個大慶典。

銀婚紀念日，Silver Wedding，夫婦雙方步入中年歲月，默契相守，互相勉勵，除了贈送銀器外，拍攝紀念婚紗照、與子女們相聚慶祝，都是不錯的方式。

扮一次刁蠻公主

夏日黃昏，在河邊散步時，身邊走過一對年輕男女，兩人挽著胳膊，碎碎細語，十分恩愛的樣子。忽然，女人奮力一跳上岸邊的石臺，回過頭對著男人堅定地說：「日後你要是背叛我，對我不好，我就從這裡跳下去！」

男人顯然被嚇住了，一邊喊著：「快下來，快下來！」一邊伸手去接她。

女人不依不饒：「你敢打賭嗎？我可敢，我說的字字都是諾言！」

男人忙說：「好好好，我聽妳的，我今生今世都對妳好，行了吧？快點下來！」

女人終於下來了，拉著有些狼狽的男人繼續散步。

這樣的場景，這樣的女人，是不是標準的刁蠻美女？刁蠻，往往是男人頭痛的詞彙，讓人想到河東獅吼、妻管嚴之類，與此相關的女人，應該不會多麼吸引目光，不會讓男人多麼舒心。可是事實證明，近年來「野蠻女友」還是比較盛行，男人似乎越來越喜歡這類女人，她們的婚姻生活往往也比較穩定發展，「半路分家」的情況機率較低。

這種局面也許讓人不解，難道男人變得溫順了，習慣女人耍脾氣了？

其實，仔細觀察這些夫妻就會發現，女人的刁蠻並非天天如此，事事如此，偶爾的刁蠻

一下下，耍耍小脾氣，為難一下老公，是給生活添加了情趣，讓平凡的日子不再無聊乏味。

以前，好友趙玉梅也曾玩過這類遊戲。有天夜裡，她老公給我打電話，十萬火急地問：「有沒有看見趙玉梅？她去沒去妳那裡？」

我一頭霧水：「沒有啊，都快十一點了，怎麼，她沒回家？」深夜十一點，一個女人不回家能去哪呢？

她老公三言兩語向我解釋，原來他們昨天吵架了，今天他回家比較晚，回去後發現客廳的桌上有張紙條，是趙玉梅留的，文字悲切，內容是囑咐老公以後多多幫助照顧自己的父母，如果再婚的話，就找個對孩子好的女人……

這不是要命的話嗎？她老公嚇壞了，一時不知所措，只好到處打電話求救。

我瞭解趙玉梅，她個性開朗，心思細密，不會這麼想不開。我一邊勸慰她老公一邊提醒他，是不是去河濱公園找找，說不定趙玉梅在那裡憶甜思苦呢？他們兩人的戀愛就是從那裡開始，並且在那裡走向高潮的。聽趙玉梅說，她在那裡扮演過刁蠻公主，逼著老公發誓，今生今世只對她好，不離不棄。

趙玉梅的老公匆匆忙忙趕去了。

果然，趙玉梅正在河邊悠閒地喝著飲料，一副欣賞夏日夜景的自在神態。老公見到她，懸著的心終於落了地，可是看她那副神情，又哭笑不得。

這次風暴過後，趙玉梅對我說，她老公被她嚇住了，好長時間對她百依百順的，那感覺真是爽透了。我勸她，適可而止，男人不是被嚇大的，妳偶爾刁蠻一次，他把妳當作公主看待，呵護妳、心疼妳，可是妳屢屢刁蠻的話，他會把妳看作不講理的臭八婆。

趙玉梅笑著回答：「我知道，我也不過是假扮一次，讓婚姻不再這麼單調！」

浪漫葡萄糖

刁蠻公主，這是流行的女生模式，聽起來都讓人心動。

因為追求她，可以滿足男人的征服慾望；脾氣太好的女人固然不錯，可是缺乏動力和挑戰性。

婚後的女人，偶爾耍耍刁蠻，為難為難老公，也可以刺激男人漸趨麻痺的情感神經，讓他不敢小瞧妳，甚至對妳刮目相看。

這就是目的。

至於刁蠻的方式和方法，那是非常多的，比如可以做一些打賭遊戲，玩撲克、看球賽，以及一些日常行為，都可以以賭決勝負。如果男人輸了，讓他幫妳做些家事；如果妳輸了，請他陪妳喝杯啤酒，這些都會使平凡的日子充滿美感。

記住，賭局一定要真，不管輸贏，都不忘彰顯刁蠻個性。

打開幸福之門

西方傳說認為，珍珠是維納斯身上的一滴露珠；古印度認為，珍珠是諸神用露水幻化而成；波斯神話中，珍珠是諸神的眼淚所變；在我們中國，更有「千年蚌精，感月生珠」的說法。總之，珍珠是珍貴純潔、光明希望的象徵，用珍珠來裝飾婚事禮服，是最耀目的方式。

在世界各地，對珍珠顏色的喜好存在很大差異，日本人喜歡金黃色珍珠，美國人偏好粉色珍珠，中國人更熱衷白色珍珠。

婚姻離不開珍珠，結婚30週年紀念日，就被稱作「珍珠婚」。意喻婚姻的渾圓美滿、珍貴和充滿希望。

製造點「事故」

張心蕾比老公小三、四歲，又是快人快語的性格，在婚姻生活中容易急躁。有一次，老公去外地出差，與女性同事結伴同行。張心蕾聽人謠傳，認為老公做了對不起自己的事，對他窮追猛打，差點鬧到公司去。老公非常生氣，兩人的關係直線下降，幾乎降到了冰點。

張心蕾向我哭訴，說老公已經好幾個月沒正眼瞧她了，對她的穿衣打扮、殷勤示好簡直視若無睹，再這樣下去，她真的無法忍受，他們的婚姻難道真的走到了盡頭？

張心蕾和我從小一起長大，可算是無話不說的好姐妹，就是結婚後我們的來往也很密切。

聽了她的訴說，我除了表示同情，還積極為她出謀劃策。我說：「看來一般的手段是發揮不了作用的，這次必須用猛藥。」

張心蕾問：「什麼猛藥？」

我說：「製造點『事故』，試試妳老公的敏感度。如果他真的不在乎妳了，根本不會在意妳的『事故』；如果他只是一時生氣，肯定會非常緊張。」

很快，張心蕾就像變了個人一樣，似乎已經忘卻了這段不快，每天神秘兮兮，接聽不少

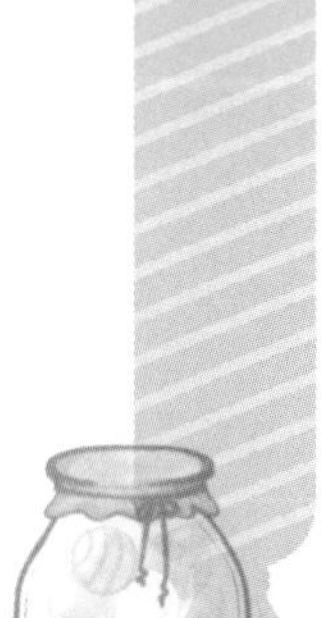

電話，有時候還要跑到陽臺去，下班後也不按時到家，有時甚至晚半個小時。她顯然有些心不在焉，做飯時會忘了關火，出門會忘了背包，睡覺時總是一個人面朝牆壁，好像有什麼心事瞞著老公。

幾天下來，老公就撐不住了，他明顯察覺到了張心蕾的變化，可是礙於情面，也出於自尊，還有近期兩人的狀況，他怎麼好意思開口質問呢？

不過，家裡詭異的氛圍實在令人窒息，張心蕾首先憋不住了，這天晚飯後，她主動向老公攤牌。她說，最近她負責業務工作，認識了一位做茶葉的老闆，由於她懂茶道，與這個老闆很談得來。一開始她認為是正常工作往來，沒怎麼當回事。可是漸漸地她發現，這個老闆對她有想法，約了她好幾次，還在公司門口等她，堅持送她上下班。當然，她都一一拒絕了，但是，那個老闆好像很認真，一副不達目的不甘休的架勢，搞得張心蕾很尷尬。

張心蕾說完了事情的經過，然後十分無辜地說：「我這麼平凡的女人，連老公都不期待見，他為什麼這麼纏我？真是的，煩人，我們公司年輕漂亮的女人多著的，等我給他介紹一個。」

幾乎不等她說完，老公就坐不住了，「啪」一下扔掉手裡的打火機，怒聲說道：「好啦，別再說了。」

張心蕾戛然而止，氣氛異常緊張。

停了約莫五、六分鐘，張心蕾試探地再次開了口，她一再表示自己絕對沒有什麼想法，非常反感那個老闆的做法，她一心一意想和老公好好生活，共同經營幸福的婚姻，這段時間的不愉快，讓她十分難過，不知所措。說著說著，她眼裡閃起淚水，用企求的語氣說：「老公，你這幾天可不可以下班來接我，沒有你，我心裡不踏實。」

老公臉上的陰雲消融了，慢慢升上來的是憐惜和悔意，他鄭重地點頭答應。

這天夜裡，他們夫妻二人忘記一切怨恨，像熱戀時一樣激情澎湃，重溫舊夢。

當然，所謂的「老闆」，所謂的「追求」，不過是張心蕾人為製造的「事故」罷了。

浪漫葡萄糖

不經歷幾番寒暑，怎算老夫老妻？不經歷揪心的痛苦，怎知幸福的甘甜味道？

如果說婚姻是一張白紙，夫妻二人就是御用畫家，塗鴉、臨摹，各盡所能，各顯神通，想辦法描繪出最完美的畫作。

但是，常規的技法容易令人生厭，看不見「美」在哪裡。

世上不是缺少美，而是缺少發現美的眼睛。

這時，需要女人做的，便是獨闢蹊徑，從外人的角度開發自身的美麗。當一個女人有人追的時候，總會散發出特殊魅力，為何不讓老公也來體驗體驗？

彷彿骨牌效應，有人追的女人，很容易吸引其他男人也來追，其中包括自己的老公。那個對自己視若無睹的男人，就像獵狗忽然間看見了野兔，不管哪隻野兔是誰，總會開動奔跑的馬達。

製造點「事故」，就是製造點目光吸引率。常見的方法還有網路傳情，穿上馬甲，給對方發郵件、聊天、告訴他多愛他，都會讓他大感心動。

還有一個辦法，互相約定告訴對方一個秘密，可以是很小的事情，也會激發彼此的親密感。

打開幸福之門

珊瑚，生於深海，生色出眾，寶貴難得，用來形容相守相伴35年的婚姻，再恰當不過。

在這天，夫婦會互贈禮物，比如珠寶和收藏品，一來表示敬重和愛意，二來希望美好的婚姻繼續下去，相伴到老，永不離棄。

第五勺糖

感情重溫的加減法

——消失，會帶來別樣的風情

從旅遊推測他的潛在性格

與幾個女性朋友聊天時，其中一人抱怨說：「和他過了十幾年，也不知道他心裡到底想什麼？」他指的是她老公，昨天回家說公司舉辦員工旅遊，今天早上就趕飛機走了，扔下老婆在家裡，什麼話也沒留下。老婆當然不滿，這樣的老公是不是有點太自私，太不把老婆當回事？

有人勸她：「男人都是以事業為重，別去管他就好了。」

也有人說：「妳不能信他，說不定與情人約會去了，故意說『旅遊』騙妳。」

當事者有些心動，但一臉無奈，沒有言語。

我很好奇，為什麼男人一離家，有些女人就會懷疑男人是去約會情人，難道這個男人真的這麼有魅力？再說男人，在離家之前為什麼不與老婆道別，連聲招呼都不打，這又是什麼心理因素在發揮作用的？

旅遊是現代人們鍾愛的休閒方式之一，可以解除工作帶來的緊張和疲倦心情，給平凡的日子帶來新鮮刺激的享受。身邊的朋友都有外出旅遊的經歷，或近或遠，或爬山或涉水，或乘飛機或開車旅行，各不相同。

其實，不同的旅遊方式暗藏著不同的心理個性。女人在抱怨不懂老公的時候，不如透過老公喜歡的旅遊方式，去瞭解他的性情，貼近他的心靈。

有些男人喜歡組團旅遊。這種人一般都很理性，喜歡計畫，做事井井有條。他們不期待旅遊中有什麼豔遇，只希望不出什麼「摟子」就好。可以說，跟這種男人在一起，會有安全感，但也缺少刺激性。

與此相反，有些男人喜歡自助旅行，不管去什麼地方，都是自己設計路線，選擇食宿，不受他人約束。很明顯，這種男人個性獨立，富有創見，與他們在一起，不會缺少新奇感。

還有些男人很隨性，想去什麼地方，背起背包就走，從不計畫與設計，也不管路途有什麼風險或問題。這種追求自由、感性的男人，可能活得瀟灑，但缺少依賴感。

在選擇旅遊內容方面，男人之間也有很大不同。比如，有些人喜歡去海邊，說明他個性保守、傳統，不願與人分享內心的真情實感，他寧可獨處一室，而不是熱衷人際交往。這類人有責任心，對家庭和子女的關愛十分周到。

有些男人喜歡串門拜訪親戚，說明他們誠信，重感情，希望在他人的熱情招待中獲得滿足感。

喜歡露營的男人，其實內心還是相當保守的，推崇傳統觀念。同時，他們又不願受到來自長輩的約束，比較富有想像力，追求實際是他們的人生動力。

喜歡自然景致的男人，一般對現實工作和生活比較反感，希望有所改變，他們有活力有熱情，容易接受新事物和新觀念。

喜歡出國旅行的男人，富有幻想，追求新潮，個性求變，對人生充滿信心。

喜歡爬山攀岩的男人，富有挑戰性，但為人有責任心，講信用。

現代社會，是一個旅遊熱的時代，每個人、每個家庭都有旅遊的經歷。那麼，聰明的女人要想深入男人的內心，就從這裡入手去推測吧！那位抱怨老公不打招呼就走的女人，是不是清楚自己男人的個性了？對，他是有安全感的男人，同時，又缺乏計畫性，因此在生活中應該說比較喜歡本職工作，安心家庭生活，只是有時過於自由放鬆，不喜歡老婆千篇一律的碎碎唸，渴望有一段自由自在的生活。

情感泡泡糖

一見鍾情的故事多數發生在旅途中。漫無目的的人生路上，他或者她的突然出現，使妳眼前一亮，情愫頓生，身不由己，不願分離。

旅途是美的，因為旅途中沒有世俗牽絆，只有對眼前景色和人物的感性認知，所以，這種情感往往也是美好的。美好的不一定長久，人終歸會回到俗氣的世界裡，在那裡，旅途之美只能深藏心底，只能是一種渴望。

也許是這個原因，人們對旅遊的熱度持續不減，尤其是在交通無限發達的今天，旅遊，代表著時尚、健康，還代表著一個人懂生活，有品味，有追求。世俗日子，柴米油鹽過久了，面對一個人久了，難免枯燥乏味，難免心生厭倦。如何拋卻這份煩惱，為生活添加新活力？走出去，換一種方式過幾天，換一種場景與他人相處，會不會帶來全新感覺呢？

打開幸福之門

結婚40年，是十分珍貴的紅寶石婚。紅寶石，在聖經中被看作最珍貴的寶石，炙熱的紅色讓人聯想到愛情，被譽為愛情之石，象徵著愛情似火，熱烈、永恆和堅貞。用紅寶石來紀念40年的婚姻，表示這段婚姻十分難得，祝福著夫婦雙方相愛永恆。

熟悉的地方沒有風景

張信銘兩口子結婚十五週年紀念日馬上到了，做為他們的媒人，老公一直跟我碎碎唸：「想想送份什麼禮物？他們肯定會請我們吃飯的。」

可是，我們沒有等到請客的資訊，卻等來了他們去馬爾地夫度假的消息。真是出人意料，他們夫婦倆只是普普通通的大學老師，收入不高，為了買房、買車，平時還縮衣節食地過日子，怎麼突然想起去馬爾地夫度假了？

我和老公帶著疑問去給他們送行，看得出來，他們臉上寫滿了憧憬和幸福。他們把孩子留在了父母身邊，單獨旅行，看來是追求一段甜蜜的二人世界生活。我打趣說：「你們這是去度蜜月啊。」

張信銘的妻子蘭婷是個溫和謙遜的女性，她笑著回應：「也算是一個補償吧！」

十五年來，他們和多數夫婦一樣過著平平淡淡的日子，朝九晚五，柴米油鹽，撫育孩子，孝敬老人，雖說不上辛苦，但也不輕鬆。去年，蘭婷生病住院，我去看望她時，她還一臉無望地說：「現在家裡亂了套，哎，怎麼偏偏是我生病了呢？」她是家裡的主婦，主婦不在，自然失去了往日的秩序與和諧。

要說起來，他們夫妻倆的感情也算不錯，很少吵架，還經常一起出去散步、健身，到附近的風景區遊玩。即便如此，瑣碎而乏味的日常生活還是消磨了很多熱情，讓他們產生不堪重負之感。

尤其是蘭婷，那次住院之後，身體像是中了毒，常常感到不舒服，去醫院檢查又沒有什麼毛病。後來，她從書中瞭解到這是心理問題，是一種對熟悉環境和生活的抗拒狀態。長久地在一種狀態下生活，失去了熱情和刺激，人變得麻木了，情趣全無。

蘭婷十分心細，她從自身的不適出發，思考到老公這些年來與她一樣生活，是不是也有這種感受和狀況？她注意觀察，發現老公也常常莫名其妙地不開心，有時候邀他出去遊玩，也總是懶洋洋的，提不起精神。兩個人單獨相處時，要嘛感覺不到對方存在，要嘛有種說不出的厭倦感。

蘭婷明白了，他們的婚姻正在經歷厭倦期，如果再這樣下去，很容易出現危機。即便這樣熬下去，恐怕也會害得彼此心焦難過。蘭婷當然不想坐以待斃，她主動想辦法，出主意，才有了這次馬爾地夫之行。

「生活在別處」這句出自法國詩人蘭波的話，在米蘭昆德拉的努力下，已經成為地球人都知道的名言。每個人都在過著各自的生活，而生活又不是每個人心目中的樣子。在矛盾心理作用下，人總是渴望別處的精彩、別處的風情。

看來，張信銘夫婦也想透過遠方的旅行，給生活帶來新鮮的感覺。我預祝他們旅行愉快，並悄悄問老公：「咱們是不是也該策劃一次這樣的遠行？」

到遠方去，到遠方去，熟悉的地方沒有風景。

相伴走過十幾年風雨路程，該經歷的經歷了，該熟悉的熟悉了。即便最保守傳統的人，也會感觸到了乏味和無奈，也渴望一絲突破和變化。畢竟在資訊化時代，求變和創新是生活主旋律，誰也不甘被落下。

來一次遠遊吧！最好是陌生的地方。在陌生的人潮中穿行，只有你們夫婦相識相伴，相依相靠，自然多了一份依賴和親密。在陌生的景色中徜徉，感受自然之奇妙，放鬆身心之疲憊。完全是一種陌生的生活方式，不用早出晚歸，不用西裝革履，吃著不熟悉的食物，聽著聽不懂的語言，那情景，那場面，怎一個爽字了得！

打開幸福之門

結婚45週年紀念日，被稱作藍寶石婚。藍寶石象徵忠誠、堅貞、慈愛和誠實，其晶瑩剔透的美麗顏色，被古人蒙上神秘的超自然色彩，視為吉祥之物。歷經45年風雨路程的婚姻，珍貴堅實，值得珍惜，恰恰配得上「藍寶石」這一稱謂。

不同的是，在日本把結婚23週年稱為藍寶石婚，結婚26年稱為星光藍寶石婚。

農家之樂——男人回歸的驕傲感

網友西西結婚只有五年，老公是個追求奮鬥的男人，雖然兩人是同學，感情很好，可是婚後的日子還是出現了很多不協調的節拍。西西的父母都是高級主管，家境殷實，她從小過慣了公主般的奢華生活，而老公從小在農村長大，在田地裡摸爬滾打，即便接受了高等教育，骨子裡依然滲透著泥土的氣息。

像許多這類組合的婚姻一樣，小夫妻倆之間衝突不斷，雖不嚴重，可是也逐漸沖淡著愛情的甜蜜度。很明顯的一點是，老公沒有了從前的自信，人前人後總覺得低人一等，在西西父母面前很不自在。西西的高貴給了他壓力，也給了婚姻不安全感。

五月開始，公司的幾個年輕女同事就天天嚷嚷著去市郊農家採摘櫻桃。那是一片新近開發的果園，聽說除了櫻桃外，還有桃子、杏、李子等不少果樹，當然，還有招待遊者的賓館和飯店。

西西也很想去那裡體驗一下，親自採摘，嚐鮮還鍛鍊身體，一舉兩得。可是她知道，老公是個懶人，天天蹲在電腦前，從不喜歡外出遊玩，即使強拉硬拽著去了，也是一臉不高興、煞風景的模樣。

轉眼間五月末到了，櫻桃成熟的季節，身邊不少女人去了，回來後都是大包小包，還有一臉喜悅。

西西忍不住在晚飯時提出了自己的想法。老公一臉沉默，沒有反應。

西西可不願意求人，更不願求老公什麼。夜裡，她在網路上遇到了我，對我講了這件事，還蠻含氣憤地說：「他越來越不知道疼我了。」

我告訴她：「不是他不疼妳，而是他不知道如何疼妳。他自卑，懂嗎？」

西西說：「誰讓他自卑了？這麼大人了，還要天天哄著嗎？」

我說：「老公也是需要哄的，男人有時候更脆弱。」我告訴她，儘管喊著老公一起去，保準會有個好結果。

過了幾天，西西果然興致勃勃地對我說，她和老公不但去了，而且玩得特別開心。

原來，那天之後西西在老公面前撒了幾次嬌，哄得老公同意與她一起去。週末，晴空萬里，夫婦倆開車不到半個小時就來到了果園。這是道道地地的農村風景，山地、農田、土屋、果樹，身邊還有飛來飛去的蜜蜂。

西西從沒有在這種地方生活過，看到什麼都是新鮮的、刺激的，都想嘗試一下。可惜她缺乏經驗，在田地裡走路都不順當，要不是老公扶著，恐怕都上不了山坡。還有那些蜜蜂，嗡嗡叫著，嚇得西西直往老公身後躲。

與西西的狼狽相比，老公一副駕輕就熟的姿態，彷彿回到家中一樣輕鬆自在，他一面為西西保駕護航，一面給她指點江山：哪邊的櫻桃更紅，怎樣上樹，如何採摘到樹梢的櫻桃……

夫妻倆摘了大半籃子鮮紅欲滴的櫻桃，放一顆在嘴裡，別提多香甜。西西好久沒有這麼開心了，看到老公喜氣洋洋的臉龐，更是打心底高興。

老公已經完全融入到採摘的喜悅中，全心呵護著西西，安排著採摘工作，看他信心十足、遊刃有餘的樣子，西西覺得他又回到了當年熱戀時的狀態。

快到中午時，老公拉著西西的手說：「看見那邊的牌子了嗎？『吃農家飯，喝農家茶』，走，今天我請客。」一句話，把西西徹底逗樂。

情感泡泡糖

男人，農家樂裡的好身手，這與中國男人千百年來形成的農業習性有關。

說穿了，男人不怎麼喜歡時尚的遊樂，因為這對他來說，可能僅僅意味著玩樂，而不是一項有意義的活動。

有意義是男人行動的目的，他們不像女人，他們更注重行動的目的性、計畫性，如果毫無目的的閒逛，比如說去一座新城市，他們認為就是浪費時間。

與土地的親近感，讓男人更喜歡農家的歡樂；活動方式的自由性，滿足了他們不受拘束的天性；活動結果的可盼性，又給他們行動的動力。總之，來一次農家樂，會讓在城市叢林裡日夜奮鬥、鉤心鬥角、身心疲憊的男人，神經得到舒緩，發散壓力，充實自我，張揚優勢的機會。

這是一片自由的天地，這是一片勞動的天地，這是一片恢復本性的天地。在這裡，男人會找到久違的驕傲感，會更自信地面對生活，從而更真切地維護婚姻，寵愛女人。

打開幸福之門

金婚，像金子一樣珍貴的婚姻，世界各地一致將結婚50週年紀念日，稱為「金婚」。這是婚後第二大慶典，比喻婚姻至高無上、情比金堅，愛情歷久彌新。慶祝金婚的方式和方法很多。大多會請子孫、親朋相聚，接受祝福和禮物。一般也會請夫妻雙方交流心得，談談如何維持婚姻，怎樣白頭到老。

激發他的冒險天性

昨天在論壇上網友們討論著關於旅遊的話題，其中網友小米大發感慨：「旅遊是女人的愛好，男人就知道蹲在家裡玩遊戲。」她和老公都很年輕，她很喜歡玩，可是老公比較悶，兩人總也調和不到一塊兒去。每逢節日、假日小米想出去遊玩時，老公總會給她打退堂鼓。實在抵抗不住了，就對小米說：「妳找個伴一起去吧！我還有事呢！」

小米聽了這話，總覺得很受傷，可是又說不出什麼。有那麼幾次，小米真想賭氣找個男伴一起去，不理老公。

為了旅遊屢屢受傷的小米，最後總結——男人根本不喜歡旅行，他們怕累、怕麻煩，沒有好奇心和求知慾，就知道耗在家裡等吃、等喝。

小米的言論雖然偏激，卻也很符合實際。生活中確實有很多男人更願意蹲在家裡看球上網，而不是四處遊玩。簡單地說，他們懶惰，不愛運動，複雜地看，這與男人做事理性、注重效果的個性有關。如果在他們眼裡的旅遊只是一種玩樂，就理所當然地認為這是消耗，不會當回事。

其實，小米說得也不完全正確，男人雖然不愛漫無目的地玩，但他們卻不缺乏好奇心和

求知慾。相反，冒險和刺激的旅遊照樣吸引他們的目光，挑逗他們的神經。

幾年前，在我們這個城市興起了滑雪熱潮，不僅年輕人去湊熱鬧，一些中年夫婦也結伴前往。

好姐妹海霞對此不以為然：「滑什麼雪啊！怪嚇人的。老胳膊、老腿摔折了多麻煩。」

我說：「就是因為嚇人，才吸引人。」

心理學研究發現，人體對外界事物產生害怕的情緒後引起的反應，與性行為一樣給人帶來快感。通俗地說，人從害怕中會獲取到快樂的感覺。

海霞搖搖頭，表示不可理解。我說：「為什麼不和妳老公一起去試試呢？也許很有趣。」

我和老公曾經一起滑過雪，由於我們都是生手，面對雪地「險情」，自然多了份依賴和團結，我們手牽手，抓得很牢，幾乎都要抓到對方的肉裡，那感覺，真是太難忘了。當我們一起克服困難，回顧衝刺的快感時，心裡說不出的暢快。這是我和老公玩過的最危險的活動，也是最有刺激性的旅行，老公至今念念不忘，意猶未盡。

後來，海霞還是和老公一起滑雪了，看來，她也要體驗一下與老公一起「冒險」的刺激。據她說，在高速衝刺的跑道上，她高聲尖叫，牢牢抓著老公的手，那一刻，她真切地感受到了夫妻倆的意義——誰也不能離開誰，相互支撐，才能抵達終點。

回想這些事情，我忍不住跟小米說：「帶著老公去冒險，嘗試刺激的活動，嚇嚇他，嚇嚇妳自己，說不定他會愛上和妳一起去旅遊。」

情感泡泡糖

男人喜歡追女人，因為這是一場冒險，充滿刺激和激情。他永遠不知道會有什麼發生，或者將來是什麼。但是，他樂此不疲。

男人的天性決定，他喜歡冒險，喜歡刺激。

可是，婚後的日子，失去了追求的樂趣，男人只能懶洋洋，無所事事。那麼女人如果還想激發男人的熱情，就該想辦法刺激他冒險的天性。

在週末的時候，可以花上一兩天時間與老公去探險。高速滑雪、攀岩、漂流、衝浪、極限運動，甚至漫無目的的旅行，不知道去哪裡，也不知道在哪裡停下來，那感覺就像是探險，彷彿回到了初戀的感覺，神秘、刺激，令人忐忑不安。

打開幸福之門

翡翠婚也是美國流行的婚姻紀念日，指結婚55週年，比喻婚姻如翡翠玉石，人生難求，也被稱為「祖母綠婚」。

在這天，通常會舉行慶祝活動，夫婦二人接受子孫、親友們的禮物和祝福。比較適合的禮物有百合，象徵百年好合，不離不棄。

不妨導演一場「廊橋遺夢」

去海邊旅遊，住在朋友的海景房裡，這裡依山傍水，景色優美。房子是一棟30坪左右的公寓，裝修簡約，風格清朗，符合朋友的性情。朋友很少來這裡居住，電視電腦等現代設施沒有安裝，只是臥室的書櫥上面擺放著幾排書。沒事的時候，我喜歡翻書看，竟然從中看到久違的《廊橋遺夢》。我記得很清楚，這是1996年前後在中國大陸風行的書籍，曾經讓我迷戀一時。

翻看舊書，猶如和舊友閒聊，適意而坦蕩。

我和朋友屬於忘年交，她比我大近二十歲，想來這本書流行的時候，她恰好與書中女主角的年齡相仿，四十五、六歲的樣子。人到中年，那時的她一定風韻別致，自有一番情趣。聽她說過，這本書對她影響很大，給她的婚姻帶來了意想不到的效果。

那時，她和老公的關係比較淡漠，也不知為何，兩人幾乎無話可聊。老公唯一的愛好就是攝影，常常背著背包走天下。年輕時她常常為了這事與老公爭吵，不為別的，只為了孩子。後來，孩子大了，外出讀大學，只有她和老公兩人在家，也懶得吵了，懶得生氣了。可是，這種行同陌路的感覺讓人十分不舒服，卻又說不出什麼。

就在這時，她讀到了《廊橋遺夢》這本書。一個平凡的中年女人與一位攝影家的外遇故事，沒有跌宕的情節，沒有離奇的案情，平淡生活中的一次偶然外遇，從外表看，幾乎沒有在兩個人的生活中留下什麼印記，卻深深打動彼此的心靈。這應該就是愛的力量，恍惚間，她似乎覺得女主角就是自己，她也在渴望這樣的情感交流。

那麼自己的男主角在哪裡呢？當她巡視屋內，書櫃上老公的攝影機吸引了她的目光。對啊，老公不恰恰就是男主角嗎？多年來，自己對老公的攝影愛好不聞不問，甚至嗤之以鼻，使得彼此之間隔閡日深。其實，攝影也是一項健康愛好，現在自己無牽無掛，為何不試著瞭解他的愛好，進而與他進行心靈溝通？

她準備策劃一次屬於他們夫婦的「廊橋遺夢」。不久，她打探到了一個消息，郊區有一棟古老建築要拆除，她知道老公很喜歡古代建築攝影，便積極做著安排。

那是個陽光明媚的午後，在斑駁的樹影下，那棟古老的建築散發著悠悠氣息，耐人尋味。她悄悄走了過去，睜眼打量，才覺得建築物彷彿一個老人，滄桑而富有沉重感。

當她沉浸在對古建築的欣賞之中時，忽然「咔噠」一聲驚醒了她。回頭一望，老公正舉著相機，朝這邊張望。

夫婦倆不期而遇，別有一種情愫。老公很意外，也很驚喜，帶著她一邊欣賞建築物，一邊不停地拍攝。那天下午，他們說了足夠多的話，像回到初戀一樣情意綿綿。

她導演的這次「邂逅」，也徹底改變了夫妻倆之間的關係。此後，老公常常帶著她外出攝影，與她探討各地風情、攝影技術等等，漸漸的她也喜歡上了攝影，與老公並肩作戰，多了情誼，多了浪漫，在她面前，生活打開了一個全新的世界。

情感泡泡糖

在每個女人的心中都有一個「廊橋遺夢」。「給相逢以情愛，給情愛以慾望，給慾望以高潮，給高潮以詩意，給離別以惆悵，給遠方以思念，給丈夫以溫情，給孩子以母愛，給死亡以誠摯的追悼，給往事以隆重的回憶，給先人的愛以衷心的理解」，安排得可謂天衣無縫，無可挑剔。

生活不是編故事，不可能如此完美無缺，當妳夢想廊橋相會時，何不把那個男主角換成自己的老公？

那樣的話，相伴到老的情愛，不失慾望的高潮；溫情脈脈的思念，在親人身上化作濃烈的回憶；對生命的理解忠誠而不乏詩意，對離別的惆悵變作一種隆重的相守。就是這樣，與老公演繹的廊橋遺夢，註定更浪漫、更刺激、更動人心弦。

今生今世，你們因為相守一個夢，而不離不棄。

打開幸福之門

結婚60年，是人生最珍貴最為喜慶的婚姻盛典。在美國、法國和俄羅斯把這天稱為鑽石婚。能夠相親相守60年，無疑珍奇罕有，今生無悔，所以以「鑽石」來稱謂，可見這一婚姻的珍貴與難得。

在這個紀念日，通常會舉行隆重的慶祝活動，來祝賀老夫婦白頭偕老，一生相守。

在英國，鑽石婚的日期還會更長，指的是結婚75週年的日子。

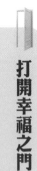

走自己的路，讓男人來追吧

在海邊總會見到各色各樣的遊客，尤其是那些看起來略顯孤獨的女人，總覺得她們背後有耐人尋味的故事。那次在海邊結識了一位女性，五十歲左右，神色坦然，精力充沛。我問她為何一人旅行，她說，這會讓自己更放鬆。

她是個很健談的人，她講了自己的旅遊故事。與一般女人不同，她有著自己獨特的旅遊觀，她說獨自旅遊是穿越心靈之旅，在路上，不會孤獨。從年輕時起，她就喜歡出遊，儘管那時經濟條件不好，她也會想辦法出去旅行幾天。

我問她，妳一個人旅遊，老公怎麼辦？

她笑了，很多人都問我這個問題，認為我和老公關係一定不好。其實，這些年來我外出旅遊，對我們的婚姻大有利處。

我詫異，把老公一人放在家裡，怎麼還能改善雙方感情？

她說，結婚後一開始，她把自己全心都投入在家庭中，把老公看成自己的全部，可以說對他百依百順，完全是他的奴僕。儘管如此，雙方還是出現了隔閡，老公背著她搞起了外遇，鬧得非常不開心。

那段日子，她想了很多，她沒有快速地決定是離婚還是繼續下去，而是選擇了外出旅遊。

一個人，背著簡單的背包，遠離親人和故鄉，在陌生的旅途行進，那感覺，既蒼涼又放鬆。就是那次旅行，讓她「放下」了很多東西。都說人生在世就是一次長途跋涉的旅行，既有登高的時候，也有下坡的瞬間，既有辛苦付出的艱難，也有到達目的的歡欣。

法國存在主義作家、女權運動創始人之一——西蒙・波娃曾不太滿意地指出，女性被稱為「永恆的兒童」。在成人世界旅行，「永恆的兒童」容易迷失方向，找不到自我。那麼旅行就是自我回歸的一種儀式。女人的旅行是感性的，她們不慌不忙，不去設計，少有算計，更多是主動和獨立地去接觸自然，讓未來在眼前展開。

我明白了，旅遊給了她活力，讓她找回了自我，正因為如此，她才有了信心和面對生活的勇氣，她說，那次旅遊後，她像變了個人，不再依賴任何人，包括老公。她的生活恢復了生機，她每天都朝氣勃勃，將自己打理得充滿情調。

這樣的魅力女性誰不受感染？她老公終止了自己的外遇，回到了她的身邊。重歸於好，這樣的感情別有一番滋味在心頭。她很珍惜，但她依然保持自我的性情，因為她懂得，失去自我的婚姻，只能是死路一條。為此她堅持每年外出度假幾天，一來清掃瑣碎生活的煩悶和壓抑，二來給自己的心靈充電，使自己更有能量面對未來。

最後，她笑著對我說：「女人，被封閉在廚房和臥室久了，會發霉。走出來曬曬太陽，走自己的路，讓男人追吧！」

情感泡泡糖

選擇自己喜歡的旅遊方式和路線，盡享旅遊之樂趣，是現代女性的魅力展現。

對女人而言，旅遊是感性的，妳可以事先策劃和準備，也可以一念之間拔腿而走。上天入水、登山涉險，都不會阻礙她們前進的步伐。

這就是女性旅遊的魅力。穿越心靈之旅，不僅帶來認識世界的機會，更帶來實現美好夢想的天空。

旅遊，是女性豐富自我的最佳途徑，大自然的旖旎風光賦予她們美麗和天真，讓她們更加接近自我；時尚之旅，比如在巴黎塞納河邊來一杯咖啡，平添幾多情調；購物旅遊，比如到了香港，不去海洋公園，不去太平山頂，但一定會去銅鑼灣、旺角、太古廣場，因為琳瑯滿目的商品等著女人去挑選。

總是追著男人的路線，就只能被動前行。

不要迷失自我，就要有自己的旅途，走自己的路，男人才會來追。

打開幸福之門

俄羅斯有個與眾不同的結婚紀念日，這就是結婚6年半時，被稱為「鋅婚」，象徵婚姻像鋅製品一樣經常「開光」，夫婦雙方也會接受人們贈送的鋅製品。

結婚7年稱為銅婚，主要活動之一，就是夫婦互相交換銅幣。

結婚8年稱為白鐵婚，親友會贈送給夫婦白鐵炊具，一來祝賀，二來象徵他們的婚姻如白鐵般堅固，不易摧毀。

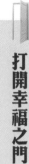

相扶一生

在這個世界上，有一座戀人們喜歡旅遊的城市，它以愛情聞名於世，它就是德國魏恩斯貝市。1140年，巴伐利亞公爵韋爾夫率部造反，國王康得拉三世派部隊前去鎮壓，雙方在魏恩斯貝城堡相遇。

公爵寡不敵眾，困守城堡，彈盡糧絕。公爵對妻子說：「不能讓婦女孩子跟我一起餓死，只能選擇投降。」公爵夫人說：「不，那樣的話我們會被鎖進地牢活活餓死。」後來，夫人的朋友伊莉莎白女士想出了主意，她給國王寫了一封信，信中說，被征服者的痛不欲生的妻子們，伏乞陛下允許我們和子女帶著寶貴財物離開城堡。

國王應允了。

那麼，妻子們會背著什麼離開城堡呢？當她們艱難走下陡峭的山路時，人們發現原來她們身上背著的竟是自己的丈夫！現場所有人都驚訝極了，跟隨康得拉國王前來觀戰的王后說道：「對女人來說，丈夫就是她們最寶貴的財產。」

魏恩斯貝城堡的女人，為世人演繹了愛情至上的經典戲碼，至今依然吸引那麼多情侶前去懷念憑悼，希望從中獲取愛的真諦，享受愛情的永恆之美。

確實，相互扶持一生一世，是愛情的初衷，也是愛情最完美的結局。

在現實中，善始善終的愛情卻是少之又少，因此人們才更憧憬那些不變的愛、久遠的愛。

相扶一生，走過漫漫人生路，同看日出日落，這才是真正的浪漫。

記起有一年在熙熙攘攘的登山遊客中，一對上了年紀的夫婦格外引人注目，他們有七十多歲了，老太太滿頭白髮，腰板挺直，精神矍鑠，老先生顯然不如她健壯，身材有些佝僂，目光遲滯，好像久病初癒。

他們隨著人潮來到「登高必自處」的時候，老先生遲疑起來，他望望高低起伏的山巒，站著不動。老太太沒有催促，也沒有退縮，她靜靜地站在老先生身邊，與他一同觀望。任憑一波一波遊客你來我往，全然不在他們的眼中心裡。

不知道他們看到了什麼，只是許久之後，老先生重新邁步向上，就聽老太太輕輕說道：「別急，老伴陪著你。」

「老伴陪著你」這句話重過千金，我想只有相扶到老，一生不離不棄的人才能體會其中深意。老伴，老來相伴，從青春年少的懵懂熱情，經歷中年的厭倦瑣碎，直到老年時歸於平靜，幾十年的歲月歷程，該有多少故事發生，該有多少情深意重。

那對登山的老夫婦是第一次登臨泰山，老太太說，這是他們年輕時的心願，如今終於可以實現，十分高興，明天早上是一定要等到看日出的。

其實，人生旅程中最美的景色，不過如此，同看日出日落，任憑風起雲湧，共用生活之變化無窮。

情感泡泡糖

人生旅程，能有一知己足矣。相扶到老，同看日出日落，這才是真正的浪漫。心路歷程，心有多遠，路就有多遠。我們要去的地方，永遠裝在我們的心裡，只是在心靈感應下，他或者她是否能與你相攜相伴。

在婚姻中，最可貴的是不離不棄。世事紛爭，人心變化，每個人都是生活的過客，匆匆來去，很難守住那份最初的感動，很難在一處風景下駐足一生。

靠什麼抓住彼此？不是絢爛奪目的景致，不是昂貴難得的門票，也不是花樣百出的服務。其實，平靜之中的守望，忍耐之下的扶持，更令人動容，那些平凡的日出日落，那些不起眼的舉手投足，讓你我感動，讓生活充實而從容。

這就是我們追求的浪漫婚姻，沒有別的，只有彼此的默契相伴，不管登高還是走低，相陪左右，共迎日出日落。

打開幸福之門

與其他各地不同，在德語區，人們慶祝婚姻時，不僅慶祝結婚週年，甚至還會慶祝半年或者四分之一年。為了這些慶祝活動，夫婦會準備各種新奇的禮物。

比如，結婚半年，稱為夢婚，比喻夫婦雙方像作夢一樣，正在品嚐婚姻的美妙，也形容婚姻還沒有步入實際，提醒夫婦應該走出夢境，過切合實際的日子。

在結婚四分之三年時，夫婦會準備啤酒，以示慶祝。

第六勺糖

不可或缺的幸福密碼

——那些值得紀念的日子

第一次見面就註定終生？

有天，姪女跟我說：「世界上任何一對夫婦都有相同之處，妳猜是什麼？」

我說：「很多啊，都是男女結合，都會結婚，都有彼此的家庭背景……」

「錯，」不等我說完，姪女就叫起來，「妳說的這些都不完全正確，比如有些夫妻根本沒有舉行婚禮，有些夫妻還是同性戀……妳說，妳是不是錯了？」

我知道姪女精靈古怪，既然提出了這個問題，必然有自己的見解和想法，於是故意說：「是，我錯了，那妳說是什麼？」

姪女得意地說：「當然是第一次見面啦！每對夫婦都不是天生在一起的，對吧？他們總有見面相識的那天，這天是他們姻緣的起始日。」

我呵呵笑起來：「真想不到，妳還這麼有心思，是不是想替月老做工作啊！」

姪女見我打趣她，故作生氣地說：「妳才替月老操心呢！我跟妳說，我和老公相識十週年的紀念日快到了，妳說，要不要慶祝一下？」

其實姪女說得很對，夫婦倆從陌路到相識，從相識到生活在一起，是一件非常奇妙的事情。一個人的一生會認識多少人，為什麼偏偏是他或者她？所謂「看對眼」了，那時那刻，不是月老相助，又是什麼力量促使他們走在一起的呢？

世俗婚戀中有「見面禮」一說，指的是男女雙方首次見面時，如果彼此印象不錯，男方要給女方禮物，以表達自己的心意，當然也希望雙方銘記這個日子。

這麼看，相識的日子是婚姻中第一個值得紀念的日子。女人天性細膩多情，所以更容易記住這一天，更希望這天是個永恆。可是男人相反，他們粗心大意，一旦步入婚姻殿堂之後，就覺得萬事大吉，不必為那些小情小意費心，按部就班過日子就完了，所以他們大多不會主動記住這些值得紀念的日子。

那麼做為女人，為了維護婚姻的浪漫與甜蜜，為了增進彼此的愛和激情，有必要在這個日子下下工夫。

好友鬱鬱就是個很有心計的女人，她和老公是相親認識的，戀愛不到一年就結婚了。在多數人看來，這種婚姻一定很普通，缺乏浪漫色調。但鬱鬱不這麼看，她說：「相親就不愛浪漫了嗎？我倆都是很有情調的人。」

鬱鬱不僅把日常生活打理得井井有條，還十分注意一些值得紀念的日子，每到他們相親的那天，她都會與老公浪漫一下。他們是在一家咖啡館見面的，所以那家咖啡館成了她的「御用」咖啡館，到了那天，她會放下繁忙的工作和家事，將自己打扮一新，單獨與老公在這裡坐上一段時間，哪怕是片刻，也盡情享受。

優雅的樂曲，溫馨的環境，使這對平凡夫婦暫時忘卻柴米油鹽的困惱，品嚐愛情那份甜中帶苦、苦中有甜的神秘滋味。

浪漫是短暫的，卻給生活帶來永恆的回憶，鬱鬱的做法很有效果，多年來他們婦唱夫隨，婚姻美滿，用她老公的話說：「她給了我很多意想不到的幸福。」我想，生活很瑣碎很實際，能從中創造浪漫與溫馨，這大概就是女人的功勞吧！

幸福麥芽糖

因為相識而相伴一生，為了相伴到老而相識，夫妻雙方認識的日子，是婚姻中不可磨滅的印記。

常常，伴隨著生活的瑣碎、實際和無聊，這個日子也會隨風而去。無疑，這是一種對婚姻的不尊重，對彼此的不認同。

記住相識的日子，共同回憶最初的美好，那一刻，那一眼，我們記住了彼此，從她或者他身上找尋到了、感觸到了某些心靈深處的共鳴。也可能，那時那刻只是淡淡的認識，沒有任何的感覺，沒有任何的企圖。可是不管怎樣，那是億萬人群中你我緣分的開始，就像宇宙爆炸一樣，從這點出發，有了後來無窮無盡的人生「世界」。

可以回到相識的地方，重溫那時的心悸，找尋失去的激情；可以相約在那天送給彼此一份禮物，熱吻、擁抱……可以做一桌美食，共同品嚐經歷的酸甜苦辣；可以什麼也不做，只是在夜裡附在他的耳邊悄悄說：「親愛的，我認識你十年啦，好幸福。」

打開幸福之門

俄羅斯人把結婚第五年紀念日稱為木婚。這天，夫婦會接受親朋好友贈送的各種木製禮品，如木盒、木製擺件等，木製品象徵婚姻猶如幼苗，正在長成茁壯的林木。同時，也祝願他們的愛情如木材般堅韌穩固。

那晚，灰姑娘穿上了水晶鞋

俏俏人不如其名，長得不夠漂亮，為人處事也沒有多麼機靈，總之，她是辜負了「俏俏」這兩個字，給人笨笨的感覺。這樣的女孩在人群中，說不上醜小鴨，但絕對是灰姑娘。灰姑娘穿上水晶鞋之後，成了王子的夢中情人，那麼俏俏的婚戀是不是也有這樣的奇遇？

那時在大學裡貌不驚人、才不出眾的俏俏是被遺忘的人物，幾乎沒有在同學心裡留下什麼印象。

然而，畢業後幾年，聽聞俏俏不僅成功地將自己嫁給一位小開，而且婚姻美滿，生活幸福。她的故事惹得很多女生豔羨不已，有人甚至懷疑：「她是不是真的找到了水晶鞋？」

有一次我們女生聚會，大家追著詢問俏俏婚戀秘笈，她哈哈大笑：「哪有什麼秘笈？不過是我幸運罷了。」

有個女同學馬上說：「我們怎麼沒那麼幸運？快說說，讓我也沾點幸運的光。」

俏俏被逼無奈，認真想了想，然後講起她和老公相識相愛的過程。

她和老公是同事，畢業後就在一起工作，老公屬於帥氣有人緣的男生，而且家境富裕，追求者大有人在。照說，俏俏這種條件的女生根本不會入他法眼，兩人不在同一條起跑線

上。也確實，兩個人在一起工作很長時間，也沒什麼特殊感情。

不過，俏俏雖然相貌不夠出眾，但是工作認真，有責任心，漸漸獲得了同事們的好感。有一年年底公司舉辦慶功宴，年輕女孩們都打扮漂亮赴宴了，俏俏也穿上了平時最喜歡的衣服，還特意化了淡妝。

巧合的是，俏俏和未來的老公剛好坐在一起。也許被宴會的氣氛感染，俏俏那晚很愛說話，還主動唱了一首歌。

事情就這樣出人意料，第二天，老公開始約俏俏，向她頻頻示好。俏俏顯然無所適從。經過一段時間來往，他們確定了戀愛關係，雖然讓很多人跌破眼鏡，但他們十分幸福。

婚後，俏俏也問過老公，為什麼突然約會自己？老公笑著說：「為什麼不呢？那麼自信有魅力的女孩，不去追還要留給別人嗎？」

俏俏暗暗高興，原來自己在老公心目中是自信的，充滿魅力的。她知道，這一切來自於那晚自己的坦然表現，那首不夠優美卻坦誠自我的歌曲。她忽然明白，不是水晶鞋讓灰姑娘變得漂亮了，而是水晶鞋給了她信心和勇氣。

女人是需要一雙水晶鞋的，這雙鞋穿上後，她會找尋到屬於自己的美麗、信心，以及幸福。

俏俏十分懷念那個夜晚，把它做為相識的日子來紀念。每逢那天，她總是想辦法與老公浪漫一下，重溫那晚的美好時光。她希望在老公眼裡，自己永遠那麼自信充滿魅力。

聽了俏俏的講述，有人說：「還是那句話，緣分到了，什麼都好，緣分不到，再努力也白搭！」

我卻覺得，那個讓俏俏蛻變的夜晚，來自她內心深處的那份天然，更來自於她自我表現中的那份信心。婚姻生活，也是一種交際活動，兩個人互動的默契程度，激情多少，決定著婚姻的幸福與否。

幸福麥芽糖

基爾．凱絲勒說：「婚姻就好比橋樑，溝通了兩個全然孤寂的世界。」

有那麼一個特殊的日子，被彼此深深吸引。這個日子，註定在婚姻中佔據一席之地。

缺少這種劇烈的情感衝擊，婚姻就不會熱烈、不會激情四射。

記住那個讓你們癡迷瘋狂的日子，就是記住原始的衝動，最初的激情。

在這個日子裡，你們探尋到了對方最真最美的瞬間，並將之化為永恆。

打開幸福之門

在俄羅斯，結婚第一年紀念日被稱為花布婚，顧名思義，這天夫婦雙方會互贈花布、手帕等禮物。用以象徵今後的生活如花似錦，幸福快樂。

結婚那天

結婚日——人生鋪滿鮮花的日子，天上佈滿彩霞的時刻。可惜的是，日後的生活與這天的輝煌相比，總是平淡落寞很多，大多婚姻甚至可以用「灰暗無光」四字來形容。灰灰的日子，需要增添色彩，才能更加生動。好多夫婦採用了紀念結婚日的辦法，畢竟那天是兩人正式走在一起的開始，時至今日，不該忘卻的不能忘卻的，還有那天的很多細節和片段。

移民美國的好朋友提提夫婦非常擅長此道，每次結婚紀念日都過得特別有意義。

剛到美國時，是他們結婚十一週年紀念日，雖然收入有限，經濟不夠寬裕，但提提還是一如既往地問：「紀念日送我枚戒指如何？」結婚多年，他們一直打拼奮鬥，至今沒有圓戒指夢。

老公這次很大度，說：「好啊，我大出血啦，送枚千元大戒。」

提提故意生氣地說：「摳門啊，後面加個零還差不多。」

「可以啊，」老公毫不含糊，「我建議，在零前面再加個點。」

提提哭笑不得，揮著拳頭在老公身上一頓亂捶。

他們夫婦就是這麼愛鬧，這麼默契，這麼開心。

記得提提對我說，每次紀念日她都會給老公發送一些特殊的簡訊，比如去年她的簡訊是：祝賀你啊，在十年前娶到了一位天下無雙美少女，讓她心甘情願陪伴你十整年。好福氣，好運氣，天下無敵！

收到這樣簡訊的老公當然開心又開胃，忙不迭地回覆提提：「同喜同喜，祝賀妳十年來與小開同床共枕，如今變得幸福美滿。」

兩人的嬉鬧之詞，只是紀念的一種方式。在我們看來，值得紀念的日子離不開美食，何以紀念？唯有大餐。提提夫婦也不例外。

準備紀念日大餐是一門高深學問，是去飯店還是在家裡自備？由女人準備還是男人準備，抑或夫婦倆同廚操刀？

往往飯菜準備的過程，就是整個紀念活動的中心所在。尤其是一些略顯陌生的夫婦，好久沒有共同做一件事了，擠在狹窄的廚房裡，又是洗又是涮，又是切菜又是烹飪，那感覺，那情景，真是熱火朝天，生活氣息濃厚，再不和諧的夫妻，頃刻間也默契了不少。

提提的經驗是一定讓老公參與飯菜準備的工作中。有時候，老公會偷懶，一聽說做飯夾著書本就往廁所跑，這可逃不過提提的敏銳眼光，她一把就抓住老公，把他押回廚房。老公不想做，就會碎碎唸：「這點工作也要用兩人做？老婆大人，妳聰明能幹又智慧，比我強多了……」提提當然不傻，聽出他的話外之音，馬上扔下菜刀說：「好啊，你一個人做就OK

了，我去閒聊天。」老公哪肯放她走，作揖認錯求她留下來。

這是最好笑又最溫暖的生活片段，往往也是紀念日最值得回憶的時刻，婚姻中，還有比夫妻倆打情罵俏更溫馨的嗎？

在享用大餐的時候，提提也會加入一些「小事故」，比如在菜餚裡放一兩個乾果，老公偷懶貪吃，挑揀不出來的話，會硌得牙痛。挑揀出來的話，會開心地品嚐，還不忘誇老婆：「越來越有創意了。」

對於提提每次紀念日的精心準備，老公都會心領神會，除了放開胃口大吃大喝，以示滿意，有時候也會請提提上飯店、唱歌、送花。做這些事情時，他滿腹真誠，總也忘不了說一句：「辛苦啦！」

幸福麥芽糖

美國影片《結婚紀念日》講述了凱特在參加妹妹婚禮時，意外發現伴郎竟是自己的前未婚夫，這讓她很尷尬，她至今還是單身一人，為了保住面子，所以決定雇傭一位臨時男友。而同時，她和這位雇傭男友之間的故事由此展開。

婚禮，是婚姻的序幕，也是人生最盛大的一次展示自我的機會。在這裡，聚焦著各式各樣的情感，湧動著不同的心理情緒。即將步入婚姻的新郎新娘，內心深處的渴望和恐懼不停糾結，複雜而激烈。

正是由於這些宏大又微觀的矛盾，沒有人會忘記自己的結婚日，哪怕是最「健忘」的老公，嘴上可能說：「結婚日？我忘記是哪天了？」可是他心裡一定對那天印象深刻，提起那個日子，他也一定有很多話要說。

打開幸福之門

在俄羅斯，把結婚當日稱為「綠婚」。這天，新婚夫婦會在院子裡種下一棵小樹，用來象徵愛情之樹開花結果。在俄語中，「綠」表示年輕、不成熟，也比喻婚姻剛剛開始，需要細心呵護和培養。

我做你一天的情人

在網路上瀏覽時，滿是「情人節」專題弄得我眼花撩亂，忍不住跟老公說：「快到情人節了，咱們怎麼慶祝一下？」

老公一臉漠然地說：「為什麼過？我們又不是情人。」

我怒吼：「拜託，這是傳統情人節——七夕節，能不過嗎？」

老公回答：「哦，妳說牛郎織女啊！他們一年一次相會，我們天天在一起，跟他們比什麼？」

頓時，我無語了。

老公的反應代表著多數已婚男人的心理，他們很難將老婆與情人聯繫起來，認為婚姻裡不該有情人。即便夫婦感情篤深，對老婆百依百順，也難想到在情人節這天送給老婆一朵玫瑰。

女人卻不這麼想，女人追求浪漫，總希望感情生活豐富多彩，老公的愛多一點再多一點。

其實，情人節的含意絕不限於「情人」那麼狹隘，也不是一兩朵玫瑰所能代表的，步入

婚姻，並非愛情結束，而是愛情的進一步昇華。在婚姻裡的男男女女，彼此之間的感情更濃厚，更該享受節日的祝福。

網友洛洛與老公從相識到現在七、八年了，孩子都三歲了，但還是一直堅持過情人節，用她的話說：「這是一個特殊的日子，是女人該享受的日子。」她是個能幹的女人，家裡家外都是好手，不用說她是操心又出力，還要自己帶孩子，每天都很辛苦。老公體貼她、照顧她，可是又能為她分擔多少呢？她該做的事情太多了，工作上生活中，哪裡都離不了她。

很難想像像她這樣的年輕女性還這麼操勞，但她很會調劑自己的生活，尤其是經營婚姻。她說：「我才不要冷落了感情，那樣的話我的努力不白費了？」所以，她很看重各種節日，像情人節，就是她和老公必過的節日之一。

洛洛的要求很簡單，她對老公說：「我什麼都不要，只要做一天你的情人。」

老公心領神會，會在這天安排一些特殊節目，比如請老婆吃飯，送給她鮮花和巧克力。這些都是外在的，花錢買來的，重要的是在這天洛洛會盡量少做家事，等老公接送上下班等，享受「情人」待遇，而不是被看待為已婚「黃臉婆」。

有時候，老公還會帶洛洛去聽音樂，帶著她去初戀的地方回味過去的浪漫等等。隨著孩子出生，他們的節日受到限制，不能那麼自由。但是，這也難不倒洛洛，因為，她覺得有了孩子的參與，情人節反而變得更有意義了。

她說，這是個好機會啊！可以讓孩子見證父母深愛著對方，深愛著她，讓她從小感受愛的偉大。

所以，現在洛洛家的情人節，成了名副其實的「家庭情人節」。他們大多都是在家裡度過，除了準備豐盛的晚餐，還有孩子愛吃的巧克力蛋糕，洛洛通常會事先準備一些小賀卡、小花束，寫上愛的寄語。她知道，愛是相互的，在老公送給自己禮物的時候，自己也要有所回贈。

後來她發現，孩子很喜歡把爸爸、媽媽的賀卡放在一起收藏起來。

幸福麥芽糖

做一天情人，意味著拋下日常瑣碎的煩惱，不為俗事所累，盡情享受愛的滋潤。在高速運轉的現代社會，女人承擔著太多壓力和責任，不想被生活壓垮，就給自己放一個假吧！

試著寫一封情書，盡量用書面文字表達，而不是簡訊、電話。

重溫過去的時光，那些共同度過的歲月裡充滿著幸福的氣息，點點滴滴，令人回味。

來一次燭光晚餐，不求豐盛，只求溫馨的情調，親自烹製的菜餚一定會令他胃口大開。

來一次合影。從婚紗照之後，你倆多久沒有合影了？用照片保存你們幸福的瞬間，等到回頭來看，又多了一份從容與信心。

給他一個吻，不要不好意思，這是愛的最好表達，不求激烈，但求真情流露。

打開幸福之門

英國人對不同結婚紀念日賦予的名稱與法國、美國不盡相同。1年紙婚；5年木婚；10年錫婚；12年皮革婚；20年瓷婚；25年銀婚；30年象牙婚；40年絨毛婚；45年絲綢婚；50年金婚；75年鑽石婚。

與法國的浪漫不同，英國人比較重視的紀念日只有「銀婚」和「金婚」兩個，一般在這兩個日子，他們會舉行宴會和招待會，邀請親朋好友。被邀請的賓客也會攜帶禮物前來祝福。

妳的傑作竣工日

在快餐廳門口，遇到一對吵架的夫婦，女人理直氣壯地指責自己的丈夫：「你太不負責任了，連孩子的生日都忘了！」

男人不甘示弱：「我忘了嗎？忘了還趕過來陪妳們？」

他們中間站著一個五歲左右的女孩，女孩看看爸爸，又看看媽媽，眼裡滿是委屈的淚水。

孩子是婚姻的紐帶，自孩子出生的那一天起，夫妻雙方的關係又多了一層變化——不再是兩個彼此孤立的世界的結合，還是一個相互融合不可分割的整體。孩子的生日往往最受重視，這天代表著她的新生，也代表著父母的新生。為人父母，自然不能再像從前那麼度時光，責任多了，義務多了，心情也變了。

不管男人還是女人，對待孩子的生日都會很在意，不同的是，男人更喜歡把孩子和家庭交給女人，他很希望參加孩子的生日晚會，卻往往需要女人的提醒。女人，又往往很自負地認為，身為父親竟然記不住孩子的生日，真是缺乏責任心！

孩子的生日本是一個值得紀念、值得女人驕傲的日子，不是嗎？十月懷胎，辛苦分娩，

都是一個人承擔，妳成了偉大的母親，這是多麼榮耀的時刻。為什麼還要吵呢？也許妳不該太在乎男人的粗心大意，也許妳該提前與他策劃孩子的生日，也許妳完全有能力獨自為孩子準備一個溫馨的生日晚會。

總之，孩子的生日是女人的節日，女人該做的除了好好享受，還應該把它當作一次凝聚家庭的好機會。

表妹是位國中老師，老公是長年在外跑業務的行銷人員，他們一年到頭團聚的日子不太多，所以，每當孩子生日，他們都會特別重視。表妹會提前與老公商量，給孩子準備什麼禮物，今年的主題是什麼，萬一爸爸趕不回家，又該如何應付等等事項，並常常提前做了許多預案，因此每次生日都會很順利、很溫馨，從沒出什麼差錯。

在共同研究孩子生日的過程中，夫妻倆儘管有時候身處兩地，但依然能感受到深深的親情和愛意。有人曾勸表妹：「別讓老公在外面跑了，小心家花沒有野花香。」表妹從不擔心：「野花哪有兒子親啊！」

表妹慶祝孩子的生日，不光是吃吃喝喝、花錢買禮物，一定會設計一些主題，例如感恩就是永恆不變的內容。她會讓兒子給爺爺奶奶送上蛋糕鮮花，感謝他們的照料之恩；她會讓兒子給爸爸倒酒，給爸爸唱歌，感謝他辛苦賺錢養家。

因為有了感恩，每次孩子生日都會促進家庭的團結，讓彼此感到溫暖。做丈夫的會感謝妻子持家有方，讓自己有了幸福的歸宿，後顧無憂。做妻子的又會感謝丈夫給了她溫暖的家、衣食無憂的生活，還有聰明可愛的兒子。孩子受父母影響，會舉著杯子大聲說：「謝謝你們，在九年前的今天給了我生命。」一家人其樂融融，共用生日的祝福，哪裡還有不和諧的音符？

這才是生日的意義——懂得感恩，懂得惜福，才會凝聚美好的婚姻，給家庭不竭的動力。

幸福麥芽糖

偏偏，男人那麼健忘，那麼粗心，那麼自以為是，總是忘記一些關鍵的時刻，總是引發家庭的紛爭。就連孩子的生日，他們也只會臨時抱佛腳，不情願地放下手頭的工作往餐廳趕。

難道生活真的如此匆忙，如此慌張？

相信誰的心裡都會裝著孩子的生日，為何不早一點準備，多一份關心？

與其讓老婆指責沒有責任心，倒不如提前計畫一下，在那個關鍵時刻留出足夠的時間，陪孩子、家人吃頓飯、唱首歌，甚至只是簡單的擁抱，足矣。

女人，不必誇大孩子生日的榮耀，也不用喋喋不休老公的遺忘症，妳要做的，是藉這個機會聚合家庭的團結和互愛，讓每個人都能感受溫暖的擁抱。

不信的話，做做下面這個測試題，看看妳是不是給人幸福的女人？

妳去購買泰迪熊，發現它們身上有不同的刺繡文字，妳會選擇哪隻呢？

A.友情　B.祝福　C.摯愛　D.謝謝

答案如下：

A.妳希望與對方一起成長，對方也會體會到其中的快樂。

B.妳給對方充足的幸福感，而且只要對方過得好，妳怎麼樣都可以。

C.妳已經成了對方的保母，讓他活在無微不至的天堂裡。

D.妳有些孩子氣，對方很難從妳這裡獲得幸福感。

打開幸福之門

俄羅斯民族在慶祝結婚紀念日時，也有自己不同的說法。他們從結婚到老共有20多個共同的紀念日，主要包括1年花布婚，5年木婚，6年鋅婚，7銅婚，8年白木婚，40年銀婚，50年金婚，60年鑽石婚，67年石婚，70年福婚，75年王冠婚。在這些紀念日無一例外的會邀請親朋好友相聚，他們攜帶禮物，共祝夫婦二人婚姻幸福，生活美好。

開一場家庭演唱會

好友白白對我說，她女兒真有趣，晚上與她一起看影片時，忽然說：「媽媽，我可以請妳跳支舞嗎？」白白說：「可以啊！」影片裡播放的是女兒在幼稚園的表演節目，其中有一段雙人拉丁舞，是女兒和她的男同學共同表演的。

白白和女兒跳得十分開心。可是女兒的一句話讓她心生傷感，女兒說：「媽媽，什麼時候看妳和爸爸再跳舞啊？」

白白一愣，她已經很久沒和老公一起跳舞了。這些日子以來，她和老公分別忙著公司的事，根本顧不上彼此，別說跳舞，就是在一起吃飯的次數也屈指可數。如今女兒天真的話，讓白白驀然想到了很多，從前他們一家三口非常幸福，老公總是按時到家，與她做飯、洗衣、照料孩子，一家人其樂融融，為了調劑家庭氣氛，他們還常常在客廳裡邊聽音樂邊跳舞，雖然跳得不好，可是都很開心。

那些美好的時光，隨著職務變動工作量加大，隨著年齡增長心情不再，竟然恍若隔世，一去不返。

白白有些黯然神傷，夜裡翻來覆去不能入睡，老公十一點多鐘才滿臉醉意回到家，看他那副幾乎不能自持的模樣，白白更加難過，這就是自己追求的生活嗎？當初與老公戀愛時，他們渴望的是溫馨的未來，彼此扶持相愛一生的美好歲月。現在，為了事業，為了金錢，他們付出了時間和精力，換來的卻是彼此之間越來越陌生的感覺。

這樣下去真是沒有意義啊！白白想明白了，她決定做出努力，改變目前這種生活狀態。為了女兒，為了婚姻，為了未來，她應該與老公抽出時間和精力，重溫過去的美好回憶，唱唱歌，跳跳舞，讓生活重新恢復往日的生機。

白白給老公打電話，對他說：「週末有時間嗎？」

老公說：「現在還不知道啊！」

白白說：「那好，你就推掉其他的事情吧！因為我今天提前預約了你。」

老公莫名其妙：「怎麼啦？有事啊？」

白白假裝生氣：「沒事就不能約你啊！」

老公有些發急：「別跟我賣關子，到底有什麼事？」

白白笑了：「真的沒什麼，只是女兒想看我和你跳舞。這個週末我有時間，如果你也有時間的話，何不來一次家庭party？親愛的，我們已經很久沒有跳舞了，對嗎？」

對方沉默，然後很認真地答覆：「好，聽妳安排。」

在白白安排下，她家的party如期舉行，這是一個充滿溫馨的燭光晚會，除了各種美食、水果，還有浪漫的鮮花、動聽的樂曲，白白和女兒打扮得像王后和公主一樣漂亮，那一夜，她們開心極了。

當然，晚會的重頭戲是白白和老公跳舞，老公紳士地伸出右手邀約白白進入「舞池」，在柔和的樂曲聲中翩翩起舞，儘管沒有什麼舞技，但那份柔情，那份親密，已經勝過所有。而女兒像個啦啦隊員，一會兒給他們鮮花，一會兒又劈裡啪啦鼓掌，還不時地跑過去又唱又跳。

這一次活動成功，讓白白和老公約定著，以後每隔一段時間，就舉辦一次這樣的家庭party。

幸福麥芽糖

在家裡的客廳舉辦一次party，只有家人參加，卻設計了溫馨浪漫的環境，優美的樂曲，漂亮的鮮花，可口的食物，想想都是誘人的事情。

在這裡，可以盡情釋放妳的情懷，與老公共舞，與孩子合唱，放下煩惱和壓力，只要輕鬆和快樂。

最好的減壓方式不是去外頭狂歡，而是與家人在一起，哪怕只是簡單地吃頓飯，也會給妳帶來無邊幸福。

舉辦家庭party，切忌太過奢華，一來浪費金錢、精力，二來適得其反，增加彼此的壓力感。

這是一個屬於家庭的節日，沒有任何的攀比和限制，只要開心，只要高興，儘管調動所有家庭成員的積極性，儘管發揮家中每件物品的作用。比如，讓老公、孩子參與party的佈置之中，用一些廢棄的布料做臨時服裝，給孩子裝扮上大人的服飾等等，就是為了開懷大笑，就是為了凝聚你我的情感，就是為了打開幸福的密碼。

打開幸福之門

日本人慶祝結婚紀念日，主要的活動有以下幾個日期：2年紙婚，5年木婚，10年錫婚；15年水晶婚，20年陶婚，25年銀婚，30年珍珠婚，35年珊瑚婚，40年紅玉婚，50年金婚，75年金剛石婚。

在這些日子裡，人們會透過各式各樣的慶賀儀式，來促進婚姻關係，加深彼此感情。

總有一日難忘懷

表姐是道道地地的家庭婦女，結婚後安分守己過日子，習慣了守候家中的廚房和餐廳，二十幾年來，很少外出吃飯。姐夫就不同了，從最初的小職員一路走來，主管、經理，現在已經是公司副總。職務的變遷，伴隨著不停地吃吃喝喝，多年來他幾乎吃遍了各類高檔飯店、各種山珍海味。

從飲食的差距大略可以推斷出他們夫婦的感情狀況，不好不壞，不冷不淡，像很多中年夫婦一樣平淡而乏味的生活。

然而，即便是這樣的日子，也遭遇了不幸。姐夫身體檢查時，醫生在他的頸部發現了一個腫瘤，需要動手術。

一直高高在上、扮演家中權威的姐夫，無法相信這是事實，他痛苦、焦躁，情緒糟糕。隨著手術日期臨近，他幾乎不能控制自己的心情，害怕、擔心，唯恐忍受不了疼痛，又恐懼腫瘤的性質，一旦惡變，該如何應對？

為了調整自己的情緒，姐夫用了很多辦法，甚至偷偷勸自己，「關公刮骨療毒，我手術時打麻藥還受不了這點痛嗎？」

手術的日子來到了，表姐陪伴在姐夫身邊。不巧的是，醫生臨時做出調整，手術由上午改到下午。原以為上午手術，所以他沒有吃早飯，現在可以吃了。不過已經八點多了，去哪裡吃飯呢？表姐很細心，她對姐夫說：「我看醫院門口有家牛肉湯館，去喝碗吧。」

姐夫不想在醫院裡待著，樂不得能跟表姐出去。他們要了兩碗牛肉湯，表姐吃得十分盡興，邊吃邊說：「我記得十幾年前，有一次兒子生病住院，你帶我喝過牛肉湯，不過那次沒有這次好喝。」

姐夫顯然有些吃驚，他詫異表姐對十幾年前的事，依然記憶猶新。

表姐很快喝完了湯，可是姐夫吃不下，剩了大半碗。表姐問：「怎麼不吃？」

姐夫反問：「夠嗎？不夠再給妳要一碗。」

表姐說：「要什麼？你要吃不了，我吃你剩下的。」說完，她把姐夫碗裡的剩湯，全都倒進自己碗裡，然後興致勃勃吃得乾乾淨淨。

表姐多年來從不挑剔飯食，吃得也不多，從沒像這次貪吃過。姐夫一直很意外看著表姐，他沒有想到這種隨處可見的小吃，竟會如此打動她的胃口。想起二十年來風風雨雨，感覺十分心酸。

下午手術時，姐夫躺在手術臺上，忍受著刀鉗鑷針在身體裡遊走，真是又驚又怕，由於是局部麻醉，他明顯感覺到了疼痛。他想用關公鼓勵自己，他想用這些年的輝煌成就鼓勵自己，可是一切無濟於事，他依然痛苦難熬。

就在他快要頂不住的時候，早上表姐貪吃的情景映現在腦海。那是一幅多麼生動的生活畫面，不過是一碗牛肉湯，她竟吃得那麼投入、那麼滿足，她為他和家庭奉獻了二十多年的年華，默默無聞，卻又無比堅強，這麼好的女人，我難道不該再帶她喝一次牛肉湯嗎？

就是這個信念，支撐他完成了手術，手術很成功，結果顯示良性。

手術的日期，從此永久地載入他們夫婦的記憶深處，之後，每逢這個日子，表姐都會特別隆重地紀念一下，不僅因為姐夫會殷勤地請她吃飯，還因為在她心中，姐夫永遠是那麼偉大、堅強，用她的話說：「我就知道他什麼都不怕，所以我那天一點都不緊張。」

幸福麥芽糖

夫妻之間，總有外人無法理解的感情，也總有外人無法理解的特殊日子，在這天，那些莫名其妙的情緒湧動著、糾結著，迫使他們做出超越常人理解的舉動。

可能，這天只是吵了一架；可能，這天不過摔了一跤……結果可能是，這天成了他們雙方難以忘懷的日子。

這個日子在外人眼裡毫無特色，既不是結婚紀念日，也不是什麼節日，更不是家人的生日，可是這天同樣重要地佔據著他們的心靈，因為在這天，他們的感情有了突飛猛進的變化。

不要忽視這個日子，如果可以，請想辦法與對方共同回味，哪怕只是一句感謝，「謝謝你，××年前的今天為我做了什麼」，或者簡單地鼓勵，「那天，你真是勇敢」，都會瞬間拉近你們的距離，有了並肩作戰之感。

打開幸福之門

在朝鮮，夫妻結婚60週年的紀念日，被稱為「四婚」，會舉行隆重的慶祝活動。那天，夫妻雙方都會穿上結婚之時才穿的漂亮衣服，端坐在褥子上，一邊接受子孫和親朋們的祝福，一邊品嚐美味佳餚。按照習俗，晚輩會依次給這對老夫婦敬酒，親朋好友以及左鄰右舍也會帶著禮物來祝賀。人們載歌載舞，十分熱鬧。

第七勺糖

溫馨生活的甜味劑

——用智性打造的亮麗風景與心靈

重讀男人的情書

情人節前後，網路上各個論壇最喜歡搞一些徵集情書類的活動。看到一篇篇曬情書的文章，真是五花八門，各展神通。有的情書是一張「存單」，金額是「對你的愛」，存期「一萬年」，還加蓋著主人的「印鑑」。有的情書以新聞形式發佈，聲稱在某地出土石碑，上面刻有古文字，經鑑定為：某某和某某乃千古良緣。

讀著這些情深意切、花樣百出的情書，真是令人感慨。

求婚時，不管男人還是女人，都會挖空心思討對方歡心，希望獲得永久而甜蜜的愛情。一旦獲取了愛情和婚姻，情況又是如何呢？

褪去戀愛的光環，日子恢復了平靜，甚至出現了各式各樣的衝突，哪些誓言成空話，哪些情意變悔恨，這時的夫妻與情愛又有多少？

我們曾經的校花李玉汝與老公之間有過一段「武俠情書傳情」的佳話，傳誦一時，令人欽羨。由於李玉汝相貌出眾，才情兼具，追求她的大有人在。而她老公當時表現平平，長相一般，怎麼看都配不上李玉汝。偏偏是這樣的一個人，卻鐵了心追她，而且為了成功突圍，採取了獨特的情書策略，每每送出情書，遭到拒絕，不退縮，繼續寫，而且會在最精彩處突

然收筆：請看下回分解。

大學的時光輕鬆而愜意，哪個女生不喜歡讀情書，何況是這樣精心設計、頗有吸引力的情書？讀著讀著，李玉汝被打動了，當老公寫到十萬字的時候，他們確定了戀愛關係。

後來，兩人結婚生子，開始了普通而平凡的婚姻歲月。

李玉汝還是那麼漂亮，那麼有人緣，在她身邊獻殷勤的男士總是層出不窮。儘管她不想傷害婚姻，不想做出什麼越軌之舉，可是感情的問題，往往超越理性。在婚姻步入七年之癢時，她的心也癢了，一個有錢又有才的老闆經常邀約她，向她發動了愛情攻勢。

與美妙的愛情相比，生活總是那麼俗氣，為了一日三餐討價還價，為了孩子問題費盡心思，與老公對面相向卻毫無感覺……李玉汝不知道如何解決眼前的難題，與老公繼續走下去的勇氣來自哪裡？

一個月色朦朧的夜晚，老公出差不在家，李玉汝像往常一樣安頓孩子睡著，開始翻找許久沒有穿過的泳衣。明天，那個老闆請她去游泳，她萌動的心思已經做出了許諾。那件泳衣還是和老公一起買的，那時他們還沒結婚，現在不知放到哪裡去了。

李玉汝翻箱倒櫃找了半天，最終打開了那個破舊的行李箱，還是讀大學時用過的。可是，當她從中翻出一大疊存放整齊的書稿時，她愣了。這是當年老公寫給自己的「武俠情書」，一封封，那麼清晰地擺在眼前，令她怦然心動。

在燈光下，她開始重新閱讀那些情書，一封又一封，激情在文字間流淌，歲月彷彿倒退到了過去，老公的執著、幽默，對她的呵護、付出，片刻間湧現眼前，化作一腔淚水，令她無法控制。

老公的情書再一次打動了李玉汝。她決定了，與老公相扶相持、不離不棄。

後來，李玉汝把那些情書搬出了行李箱，擺放到了床頭櫃裡。每每有了時間，她都會抽出幾封讀讀，那感覺，真像回到了從前。老公還有些不好意思：「都過去了，還看什麼？」李玉汝說：「才不是過去了呢！它們永遠在我心裡。」

溫馨棉花糖

情書，是戀愛的最好解讀，是真情的最佳印證，它不僅傳到了情意，更是相愛相守的見證者。

《我愛你，羅尼・雷根給南西的信》，是美國前總統夫人南西女士，根據當年雷根寫給她的情書整理編撰而成。在這本書中，南西無數次表達了一個觀點：愛一個人，是一輩子的事。

雷根和南西婚後感情深厚，偶爾出現摩擦，總能很快和解。因為雷根在每次爭吵後總是即時給南西寫信，表達對她的愛意，請求諒解。在信中，雷根暱稱南西為「親愛的媽咪」，足見鐵骨柔情。

當然，南茜非常認真地對待這些信件，並堅守自己的諾言。雷根晚年患有老年癡呆症，已經認不出任何人，但南茜以「全球最佳妻子」的標準要求自己，以無私的奉獻驗證愛情的偉大，虔誠祈求奇蹟出現。當雷根走後，她將他們之間的信件整理出版，讓世人看到這對總統夫婦的溫馨浪漫。

打開幸福之門

愛情不是花蔭下的甜言，不是桃花源中的蜜語，不是輕綿的眼淚，更不是死硬的強迫，愛情是建立在共同的基礎上的。

女人最好的裝飾

多年以前，同樣年輕、同樣漂亮的雙胞胎表妹出嫁了，姐姐嫁給了一位普通工人，開始辛苦而堅韌的生活，妹妹從小嬌慣，吃不了苦，嫁給了一位家境好卻沒什麼技術特長的青年。

歲月如梭，當年的普通工人開起了工廠，當了老闆。姐姐家的日子熬出頭，過著富裕的生活，而且一家人和和睦睦，相處融洽。

妹妹和老公剛開始的日子比較好過，隨著公婆相繼離世，他們小夫妻沒有多少收入，生活水準直線下降。

隨之，夫妻之間的衝突叢生，妹妹找到姐姐訴說老公的不是：「妳看他什麼都不會，賺不了幾個錢，脾氣還不小！」

姐姐說：「男人都這樣，妳要學會寬容。」

妹妹不服氣地說：「他就是不成器的人。妳看人家姐夫那麼能賺錢，對妳不還是體貼照顧，言聽計從的？」

她說得沒錯，姐姐和老公的感情確是歷久彌新，尤其是隨著經濟好轉，他們的感情更加

穩固和諧。這也讓很多外人感到意外，在一般人眼裡，老公發跡之後，對結髮妻子都會心生厭倦，甚至有些人還會有拋棄之舉。難道這位姐夫的風格特別高尚？還是另有原因？

說起其中原由，其實姐姐心知肚明。老公確實是個好人，但他的成功與她個人的付出和努力也不無關係。這些年來，她與老公並肩作戰，不畏艱辛，是老公的得力助手。

姐姐知道自己讀書少，擔心隨著生活改變沒有相對的修養內涵，所以在繁忙的工作和家事之外，多年來書不離手。「讀一切好的書，就是和許多高尚的人說話。」這種潛移默化的交流，提升了她的認知，陶冶著她的情操，在書香氣薰陶下，她的魅力不斷增加，內涵變得豐富起來。

姐姐不斷提升自我，也促進了老公的進步。有時候，老公甚至誇她：「沒有妳，我就是一個俗氣的暴發戶。有妳在，我的交際圈子高深多了，我自己都感覺不同尋常啊！」

「腹有詩書氣自華。」

讀書是女人最好的美容劑，沒有書卷氣的女人有各種名貴飾品陪襯，也許「漂亮」，但絕不會美麗動人。

多讀書，往簡單說，可以記住一些妙語警言，在與人交往過程中，挫折時的一句鼓勵，得意時的一句警告，迷茫時的點撥迷津，都可能讓感情更上一層樓。

往現實裡說，假如女人不讀書，缺乏對男人內心的瞭解，難以走進男人的世界，哪知他什麼時候需要什麼樣的關懷？哪能與他心有靈犀一點通？

書香味是女人萬萬不能少的。

試看古時深宮，佳麗三千，怨恨無數，可是也有不少聰明女子活得很成功。從武則天到慈禧太后，她們不是「以色侍君」的玩物，她們懂得依靠書籍提升素養，提高審美情趣。慈禧進宮後習得一手好字，所以咸豐皇帝才讓她代批奏章，從而鶴立雞群，不但得到君王寵幸，還能參與國家大事。

固然，現代女人不必學習她們爭寵奪勢。但是，多讀書，讀好書，對誰都是好事。

溫馨棉花糖

著名女演員奧黛麗．赫本60歲時，依然風姿卓越，嫋嫋婷婷，純善之美，像一幅畫裡的聖母。當人們追問她為何容顏不老、魅力永存時，她說：「多年來我一直保持閱讀的習慣，一直接受高雅藝術的薰陶。」

在讀書時，一個人的心境是單純的，神態是認真好奇的。單純的心境和好奇的神態是孩童才有的，因此會讓人保持年輕的外形和內心。

如果妳還年輕，就把用來買彩妝的錢買書看吧！濃妝豔抹並不討人喜歡，清純的女孩最迷人。如果妳已多年沒有接觸書籍，該知道要讀書了，每天留出點時間專門看書，政治、歷史、時尚、生活、外語、心理、養生、健康、服飾、家庭、養兒育女、女性文學，都可在妳的閱讀之列。

年齡大了，青春將一去不返，再不補充點東西，再不用書籍薰陶一下自己，不但沒了當花瓶的資格，恐怕連泥罐子都混不上了。

打開幸福之門

一剎真情，不能說那是假的，愛情永恆，不能說只有那一剎。

把他的作品讀給他聽

碎碎唸，幾乎是所有做了母親的女人的通病，幾乎是所有婚姻不得不面對的難題。那天，我催促兒子去寫作業，說的次數多了，老公站出來替兒子打抱不平：「碎碎唸什麼？耳朵都長繭了！」

能不唸嗎？讀書學習要緊，貪玩的兒子不聽話，除了唸還能怎麼樣？

想想自己結婚前，也是文靜一族的女孩，少言寡語，與老公戀愛時，天天聽他說，自己根本沒有多少發言的機會。如今人到中年，老公的話少得可憐，一天到晚說不了幾句話，倒是自己的話越說越多，可是聽自己說話的人越來越少。想到這裡，「沒有共同語言」這句話閃現在眼前，是啊，多少夫妻的不和都是從這裡開始的，沒有話說了，漸而漸之，也就沒有感情了，進而分道揚鑣。

從戀愛時的情話說不盡到後來的無話可說，許多夫妻都會經歷這樣的人生巨變。女人大多抱怨老公變心了，瞧不上自己了，沒有耐心了等等，卻很少從根本上分析原因。

「無話可說」的狀況，根由肯定不在男人一個人身上，從婚前的浪漫女孩到世俗的家庭婦女，女人的變化恐怕更大、更明顯。將自己封閉在家庭小天地中，不學習、不進步，跟不

上時代步伐，跟不上男人的思維能力，還有什麼共同語言？

我很想改變與老公目前的這種狀態，為此參閱了不少書籍和資料。後來，驀然想到一個好主意。老公是個文學愛好者，從年輕時起就寫過不少東西，有詩歌也有散文，我們戀愛時，他還常常讀給我聽。

那天，在電腦上整理時，不經意又看到了老公從前的作品，熱烈而美好的文字，依然閃爍著青春的光澤。我很感動，讀這些文字，彷彿又回到了與老公熱戀時的歲月，卿卿我我，情話綿綿，說不盡的你恩我愛。

多年過去了，文字濃縮成了一段記憶，可是我們的生活早已面目全非。看著每天回家後倒頭大睡的老公，我忽然想到，何不把這些文字重新拾起來，朗誦給他聽？

那晚，我捧著列印整齊的一疊稿子，在老公身邊輕輕朗誦。老公翻了個身問：「怎麼啦？發什麼神經？」

我不理他，繼續我的朗誦。老公愣了，繼而笑著說：「妳這麼有心，還記得這些東西啊？」

我放下稿子，一臉崇拜地說：「我老公的東西，我永生永世都不會忘啊！」

老公很感動，一面爬起來與我看那些文字，一面說：「唉，都過去多少年了，妳別說，那時寫的東西還真不錯。」

「是啊！」我說，「那時熱情澎湃，寫的東西很有感染力。」

老公翻看著自己的文字，指著其中一篇說：「瞧瞧，這還是寫給妳的。那個時候，我太喜歡妳啦！」

「怎麼？現在不喜歡我啦？」

「不是，」老公糾正著，「現在一樣喜歡，不，應該說更喜歡。」

我們之間已經很久沒有這樣的甜言蜜語，沒有這樣的打情罵俏了。

這一刻，所有不和和衝突消失殆盡，剩下的只有柔情蜜意。

溫馨棉花糖

溫馨，總在不經意間流露；有心的女人，總會出其不意創造屬於夫妻間的浪漫故事。

尋找那份屬於你們的溫馨，不必鮮花滿屋，也不必多少甜言蜜語，只是妳的心中翻騰起愛的漣漪。

問問自己，今天有沒有愛老公？

也許妳會奇怪，這還用問嗎？我一直這麼操心費力跟著他，能不愛嗎？

不，男人需要的愛，有時候也離不開煽情的表達。當妳為他朗誦他的作品時，他除了感動，還有深深的自豪感，你們之間瞬間產生了強大的共鳴。這種共鳴會打開彼此的心扉，唱響愛的主旋律。

除此之外，製造浪漫故事的途徑還有很多，比如回顧他的技術成果，傾聽他的演講，欣賞他的舞蹈等。總之，屬於他的輝煌，做為妻子一定珍藏心底，並不時拿出來曬曬，告訴他：「我以你為榮。」

打開幸福之門

童稚之愛的原則是：「因為我愛，所以我愛。」

成熟之愛的原則是：「因為我愛，所以我被愛。」

有空就給他寫封信

孩子長大了，生活穩定了，在平靜之中，女人常常生出一種莫名其妙的情愫：對什麼都不感興趣，做什麼都提不起勁來。她們說：「現在真的想開了。」是真想開了還是沒有了追求的慾望？還是缺乏燃燒的激情？

林紅如常對我說這句話，說得很隨意，可是我明顯感覺她心底藏著一份不甘心。我說：「想開什麼啦？什麼也不做了還是什麼也不放在心上啦？」

她說：「也不是。就是感覺什麼都無所謂，隨他去吧！」

林紅如屬於「嫁得好」的女人，擁有一位實力派老公，惹無數女人羨慕、嫉妒、恨。可是用她的話說，其實她很不幸。

她的不幸是實實在在的，是來自內心深處的，不是以金錢衡量的。十幾年來，她很少感受到「幸福」二字，雖然在別人眼裡她的生活無可挑剔，不用早起晚歸，不用操勞持家，一日三餐有人照料，走到哪都是光鮮亮麗。

然而，光鮮背後就是巨大的失落，她的生活一直以老公為中心，人前她需要扮演幸福的總裁夫人，人後，她還是無條件服從老公的安排，對她來說，享受老公的情愛機會實在太少

了，因為他根本無暇理會她。

即便如此，外人還是覺得林紅如應該知足，而且隨著年齡增長，四十歲的女人更該珍惜眼前擁有的，而不是胡思亂想。

林紅如也確實不敢有非份之想，但人的感情是個奇怪的東西，往往與理智背道而馳。越是想安分守己，越容易把持不住，林紅如備受煎熬。

我勸她：「別這麼消極，妳有權利追求幸福。」

林紅如不解：「妳想說什麼？勸我放棄擁有的一切？」

「不，」我說，「不是放棄，而是更好地擁有。」

我勸她積極地面對現狀，從改善與老公的關係入手。即便他是富翁，那又如何，當初你們的結合也不是誰逼迫，你們是自願的，有感覺基礎的。他愛妳，妳也愛他，那麼為什麼不將愛情繼續下去呢？

林紅如說，我也不是不想，可是一年到頭相處的機會實在太少，能怎麼辦？

我說，正好啊，妳給他寫信訴衷腸，不是更有情趣？

在這個日益繁忙的電子數位時代，信件的交流被簡訊、E-mail取代，實在是情感的一種缺失和遺憾。用文字交流，將各種情緒累積到一定程度，再呈現給對方，那種語氣和內涵，絕對具有強大的震懾力。愛有多深？你來我往的簡訊訴說，肯定不如長達書頁紙的情書更有份量。

寫下妳的情感，寫下妳的心事，讓他在閱讀中與妳一起品嚐生活的酸甜苦辣，有機會深入妳的內心世界，更便於溝通你我，互相滲透。

林紅如接受了我的意見。半年後，她對我講，與老公的關係有了很多變化，雖然相處的時間還是不多，可是老公每次見她都很開心，不能相見的時候，給她打電話的次數也明顯多了。總之，她的幸福感在逐漸上升。

溫馨棉花糖

在相夫教子的穩定生活中，女人漸漸安於現狀，失去了上進的慾望。沒有慾望不等於「想開了」，而是心灰意冷，覺得生活沒有了意義。

這種表現看似無所謂，卻是憂鬱症的一種先兆，先是失落感，再是失去對周圍人和事的興趣，然後憂悶、煩躁，甚至患得自閉症。

這不是危言聳聽，很多女人正在實行著這樣的過程。

改變這一現象，需要走出自我封閉的狀態。

比如給他人寫信，主動交流。寫下妳的情感，寫下妳的心事，讓他在閱讀中與妳一起品嚐生活的酸甜苦辣，有機會深入妳的內心世界，更便於溝通你我，互相滲透。

打開幸福之門

如果妳愛一個人，先要使自己現在或將來百分之百的值得他愛，至於他愛不愛妳，那是他的事，妳可以如此希望，但不必勉強去追求。

在他的枕邊，放一張小紙條

前幾天，婆婆給我打電話說，小姑與她老公吵架，一氣之下回了娘家。等了幾天，老公都不去接她，她很氣惱，說要離婚。婆婆害怕了，叫我去勸勸她。

小姑敏敏當初與老公戀愛時，婆婆就認為她老公太貪玩，不夠成熟，曾經極力反對。可是敏敏堅決維護愛情，非他不嫁。最終還是愛情至上，她出嫁了。

如今，他們結婚已有十年之久，婚姻早已步入厭倦期。敏敏說，她和老公早就沒了感覺，她每天上班、做家事，還要輔導孩子讀書學習，累得團團轉。老公呢，是油瓶子倒了不扶的主，還厚著臉皮說：「我老婆很能幹，就是家裡進來一隻熊，她也能扛出去。」一開始，敏敏還覺得很得意，可是慢慢發現老公除了嘴皮子甜哄她開心之外，別無長處，因此心裡特別惱恨。

見到敏敏後，她又開始向我絮叨老公的各種缺陷，什麼賺錢不多，還一個勁的抽菸；跟他吵架，他就故意把電視音量加大，不聽她的；過生日了，連個禮物都沒有，只是動動嘴皮子「生日快樂」了事；現在還多了個毛病，手機一響就往陽臺跑，好像有什麼見不得人的事似的。

我勸她：「妳說他這不好那不對，妳有沒有想過自己是不是太極端了？如果他一無是處，當初妳怎麼覺得他那麼好？要我說，他人還是不錯的，性格樂觀，遇事想得開，月月上繳薪水，抽根菸還要跟妳要錢。對不對？」

敏敏不說話。

我接著說：「不管妳穿什麼，他都說漂亮，還陪妳逛商場，妳看看結婚後有幾個這樣有耐心的男人？」

在我和婆婆勸導下，敏敏不那麼氣憤了，可是她還是丟不開面子，不願意自己走回去。

我說：「好吧！我會讓妳老公來接妳。不過，妳回去之後要聽我的，不能那麼強勢了，要學會讚美，懂嗎？不要總是盯著他的短處，要學會發現他的長處，學會讚美。」

敏敏有些難為情：「怎麼讚美？誇他啊？」

我說：「是，誇他啊！他誇妳穿衣服好看，妳不高興嗎？妳也要學得嘴巴甜一些。」

敏敏嘟著嘴說：「我才不跟他一樣呢！」

我知道她的性格，不愛說軟話。想了想說：「不說也沒事，這樣吧，妳經常在他的枕邊放一張紙條，寫上妳的心裡話。可以嗎？」

敏敏對這個提議頗感意外，她認真地想了想，然後說：「那倒可以。」

就這樣，敏敏被老公接回去了。

再次見到他們時，我悄悄問敏敏：「怎麼樣？有沒有履行諾言？」

敏敏笑得很開心：「妳就放心吧！」她很聰明，接受我的建議後，不再那麼頻繁地與老公吵了。每每見到老公做了什麼好事，比如倒了一次垃圾或者做了一次飯。她都會寫上「你真能幹」幾個字放在老公枕邊。而且有了什麼想法，比如她累了，不想早起，就寫在紙上，老公看了，不僅會早起做飯，還會忙前忙後照顧她，生怕她生病累倒。

敏敏發現，寫在紙上的話，比碎碎唸的效果好多了。

溫馨棉花糖

夫妻之間，碎碎唸往往是一種噪音，不僅沒有效果，還會有反作用，使聽者抓狂。有人統計，女人說話的時間是男人的幾倍。男人很可憐，不但要聽，還要完全服從。時間長了，再愛妳的男人也會厭倦和膩煩。

男人和女人的腦部結構不同，女人的大腦感情中樞與語言中樞緊鄰，所以她們喜歡傾訴也能夠很好地表達自己的意思。相反，男人的感情中樞與語言中樞分開，所以他們往往不會表達自身的愛。因此，不要輕易地把語言交流的多少和你們之間的親密程度混為一談。

減少碎碎唸，把想說的話寫下來，變成簡短明瞭的文字。

一句簡單的讚美、一句溫馨的關懷、一句真情的表露，會讓彼此的心更近。

攜手漫漫人生路，要想方設法給對方溫暖，而不是彼此折磨受罪。

紅塵如許，不是沒有愛，而是缺乏耐心培養愛。

不再肆無忌憚地「責備」，用真心欣賞，用真意對待，坦誠於心，表現於紙，夫妻之間的關係自會「柳暗花明」。

打開幸福之門

婚姻的成功，那不只是尋找一個適當的人，而是自己該如何做一個適當的人。

高貴人生來自這裡

新婚之夜在洞房裡點花燭是流傳已久的習俗。新娘子進門後，要把從娘家帶來的「燈」點上，直至第二天早晨不能滅，叫做「長明燈」，意喻婚後幸福美滿，百年好合。

每個女人出嫁時，都在心裡藏了一盞「長明燈」，希望一直幸福下去，真愛一生。這樣的願望非常美麗，卻大多不能實現。由於種種原因，太多女人生活得不夠如意，或者婚姻有了外遇，或者家庭不夠和諧，或者缺錢花，或者錢多了生是非，或者子女沒出息，或者子女不孝順……

人生漫漫，變數無限。有些女人經受不住生活的打擊，消沉失落，甚至走上不歸路；有些女人卻在挫折中成長、成熟，更加堅強，成為主宰自己命運的女神。

曼玉是我小時候的同學，她從小很喜歡寫作，很有天賦，曾經發誓將來做一名作家。二十年過去了，老同學聚會時，一位從沒與她聯繫過的同學問她這些年成就如何？她一臉無奈，嘆口氣說：「前些年忙著過日子，顧不得夢想，這幾年孩子大了，有時間了，可是想想自己年紀也大了，現在文壇新人輩出，要想實現夢想，挑戰太大了。」

像這樣的女人在我們身邊數不勝數。年紀大了，不能再夢想，應該腳踏實地過日子。這一想法固然可取，但是年齡與追求並不是互相衝突的，年輕時有夢想、有追求，年齡大了，照樣可以有突破、有成就。

高貴的人生來自深刻的內涵，與年齡無關。四十歲也好，五十歲也好，只要懷著一顆積極向上的心，就不會被年齡所困，就有可能突破現狀，過著更幸福的生活。

索菲亞・羅蘭告訴女人們：「美麗使女人引起別人的注意，睿智使女人得到別人的賞識，而魅力卻使妳難以被人忘懷。」

容顏易老，青春易逝，花一樣的容貌也會老去，神仙姐姐的長生不老術也只是傳說。花瓶一樣的嬌柔十分脆弱；瓷器一樣的尊貴更易損毀。所以，不如及早讓有意義的事情陪伴自己，棲息在心靈的家園。

溫馨棉花糖

別讓自己無聊，是女人一生最大的幸運。

做一個魅力女人，就要學會用高雅興趣怡情、養性、益智。興趣的作用潛移默化，深入骨髓。所以，女人培養興趣之前，一定要有雙慧眼，能夠區分哪些是高雅的，哪些是低級趣味的。有些女人因為無聊迷上麻將，愛上夜店，結果越陷越深，不能自拔，反受其害。

多讀書，滋潤乾涸的心靈；多聽音樂，豐富枯燥的情趣；暢遊網路，接受新鮮的資訊；運動健身，保養自己的健康；養花種卉，美化自己的家園；下棋練字，磨練自己的心性。

其實，有意義的事情很多很多，只要去做，就會變得充實而自信。

打開幸福之門

真正的愛情是專一的，愛情的領域是非常的狹小，它狹到只能容下兩個人生存；如果同時愛上幾個人，那便不能稱作愛情，它只是感情上的遊戲。

第八勺糖

造就和諧家庭的必需品

——用好微笑的黏合劑

壞情緒留在門外

表嫂給我打電話，開心地說：「我現在不用踩腳踏車上班了。妳表哥給我買了輛電動車，每天騎著來回跑，速度又快又穩，真是太好了。」

我笑了，這個世上竟然還有這麼知足的女人，在幾乎每個人都開汽車的年代，騎輛兩輪電動車還這麼高興。

表嫂在一家廢棄物回收公司工作，那個地方比較偏僻，搭公車不方便，所以一直以來她都是騎車上下班。表哥原來是大企業員工，可是幾年前經濟危機，企業倒閉，表哥只好到私人企業打工，收入有限，表嫂的電動車足足花了他近兩個月的薪水。

表嫂十分珍惜這輛車，人前人後不忘誇獎表哥——這是身為女人最大的幸福。

表嫂家住在不足20坪的破舊樓房裡，多年來從沒有改善裝修過，家具電器也都十分陳舊。眼看著親朋好友們一個個搬進寬敞明亮的大房子，表嫂不為所動，反而說：「房子是小了點，可是我覺得住得踏實，住的時間長了，也有感情了。」

表哥很感激表嫂，認為她不嫌棄自己，跟著自己過苦日子。表嫂馬上糾正他說：「你每天起早貪黑辛苦養家，我還嫌棄你什麼呀？企業倒閉，你已經夠傷心的，我們是夫妻，我怎能在你的傷口上撒鹽？我關心的是老公的身心健康，家庭的團結和睦，生活的開心幸福，我才不像有些女人，就知道拿自己的老公與別人比，逼著老公賺錢升官，看起來光鮮耀人，其實她們過得一點也不幸福。不是夫婦吵架，就是感嘆房貸、車貸壓力太大，不少人還哭著諮商我是不是該離婚……你說說，這樣的日子有什麼意思？」

表嫂從不給表哥壓力，也從不把壓力帶回家。她的工作環境不算好，非常辛苦，很多女人工作一段時間，就受不了，可是表嫂多年如一日，每天按時上下班，每天都是開開心心地出門，有說有笑地回家。看樣子，不像是去工作，倒像是去旅遊一般。

有一次，我忍不住問她：「表嫂，你們上班很輕鬆嗎？看妳每天都很高興的樣子，難道公司沒有煩心事？」

表嫂微笑著說：「只要有人的地方就有衝突，何況我們那種地方，工作量大不說，還會遇到一些斤斤計較的客戶，很麻煩。而且我們是私人公司，老闆很摳門的，一不小心就被扣薪水，為這種事不知生氣過多少次了。」

我不解：「那怎麼從來沒見妳回家抱怨過？」

表嫂繼續微笑著：「我幹嘛回家抱怨這些事？我個人的事，我自己承擔就足夠了，幹嘛把它們帶回家，影響家人的正常生活？妳知道嗎，壞情緒會傳染，我一個人的不開心，導致全家人不高興，那才是得不償失。」

真想不到，表嫂還有這麼高深的認知和修養。她好像看出了我的想法，笑瞇瞇地說：

「我想的沒有多麼複雜，我就是想和妳表哥踏實過日子，把孩子養大成人，我們也就熬成老伴了。我要善待我未來的老伴，不能讓他活得感覺不如人、不開心……」

和諧甜蜜素

許多女人，會用自己的情緒操控、懲罰伴侶，影響整個家庭的氛圍。因為女人是感性的，情緒化是她經常有的自然反應。可是，生活是理智的，家庭需要理智地去經營和維護，過多的感性和情緒化會危及家庭的穩定。

老公可能因為愛妳低頭，下次不敢不照妳的要求做，但是他會覺得很委屈。違背了自己的意志去做了，他會覺得心有不甘，下次，他就會無意識地要「報復」，找機會佔上風。這樣的事情累積多了，夫妻的嫌隙就出來了。

煩惱不是布匹，說剪斷就剪斷，唯一的辦法只有覺醒、面對和超越。盡量把壞情緒留在門外，要相信自己，善待自己，讓自己的生活精彩萬分。不要誤認為是要讓某個人後悔，而是為了讓自己的人生更精彩。控制自己的情緒——別讓別人以為妳還沒長大。

打開幸福之門

幸福的家庭都是相似的；不幸的家庭各有各的不幸。

冷廟燒香，積善成祥

不少朋友都在議論一件事：趙琳琳兩口子是不是犯傻了，把到手的房產讓給了兄嫂。雖說是親兄弟，可是俗話說得好「親兄弟明算帳」，現在誰還如此「高風亮節」？

趙琳琳的老公兄弟兩人，婚後父母為他們一人購置一處房產，本來不會有什麼衝突。可是趙琳琳和老公婚後就出國工作了，幾年後回來才發現，哥哥嫂子由於經營不善，辛辛苦苦付出多年心血的商貿公司倒閉了，為了還債，不得不把房產都抵押出去。如今，他們靠小生意養家糊口，父母、孩子都跟著受委屈。

趙琳琳的老公非常難過，考慮到他和趙琳琳收入較高，有能力貸款買房，當即就決定把自己的房產讓給兄嫂，讓他們居住。父母、兄嫂很感動，表示一定會盡力支持他購置新房，父親還掏出多年積存的棺材本說：「這交給你了，你拿去買房子吧！」

可是，表完態，收完錢，趙琳琳的老公就有些後悔了。畢竟是房產大事，自己沒有跟趙琳琳商量，她會同意嗎？她會不會生氣？

猶豫再三，趙琳琳的老公還是不敢瞞著她，小心翼翼地跟她說出了真相。

果然，趙琳琳一臉不高興，嚇得老公直冒冷汗，連聲解釋：「爸媽和哥哥嫂子說了，會全力支持咱們的，放心，他們現在……」

「你啊，」不等老公說完，趙琳琳就打斷了他，「你想什麼呢？爸爸媽媽操勞一輩子，是該享福的時候了，你怎麼還收他們的錢？現在哥哥嫂子遇到了困難，還有兩個孩子需要供養，你還想讓他們出錢幫我們買房子，你真是不懂事。趕緊把錢還回去。我們沒孩子沒負擔，完全有能力貸款買一間小房子。」

聽了這話，趙琳琳的老公差點流下眼淚，當他把錢還給父母時，父母淚眼汪汪，一個勁地說：「咱家真是有福，娶了這麼一位通情達理的好媳婦。」

趙琳琳這邊的情況就不一樣了，她的好友們聽說後，都表示不理解，紛紛勸她：「妳出國幾年不瞭解房產行情，現在有間房子比什麼都強。房價猛漲，沒有間房子就等著受罪吧！」「妳說貸款，那不是自找苦惱嗎？利息多高啊！妳要付多少年啊？妳還想不想過好日子啦？」

趙琳琳默不作聲，她不是不知道其中利害，但她更知道親情的重要。

有一次喝酒，我們都喝了不少，微醺中她對我說：「妳能理解我嗎？」

藉著酒意，她敞開了心扉：「姐，我覺得房子再大，它也是身外之物，對吧？妳說，有什麼比兩個人快快樂樂、和和睦睦地更重要？我可以要那間房子，可是老公怎麼辦？眼看著父母、兄嫂還有孩子們無家可歸，他能開心嗎？他不開心我能過得好嗎？」

我說：「我知道妳很善良，都是善良惹的禍。」

她笑了：「對自家人都不善良，這樣的人還算人嗎？既然與他過，就該把他的家人當成自己的家人，這可是妳告訴我的。」

我無語，但我很佩服她，也相信她會一生幸福。

和諧甜蜜素

愛和親情是無價的。

友情會淡，愛情會變，唯有親情亙古不變。

無論貧窮或富有，無論健康或疾病，無論善惡或美醜，妳和父母、兄弟姐妹之間的親情都是相互的、立體的，是不可分割的。

生活忙碌，競爭激烈，功利主義充斥著社會的每個角落。人情淡漠，親情似乎也在變淡，但是來自人類內心深處的渴望，永遠不變。

維繫親情的密碼，不是金錢，更不是說教，而是真心實意地付出。女人，在家庭中應該學會從大局出發，不要斤斤計較。大事堅持原則，小事學會變通，這是一種才能。

不要盯著雞毛蒜皮的小事大發雷霆，這樣的妳不懂得體諒他人，不通情達理，誰也無法與妳和善相處。

不要做「碎嘴」的女人，抓住一件芝麻大的事就沒完沒了，得理不饒人，無理也要辯三分，不要瞧不起人。

人生沉浮，世事難料，冷廟拜佛，才能積善呈祥。

功利心太重，會讓妳披上嫌貧愛富的外衣，失去美名，失去他人真心的尊重。

打開幸福之門

舒適的家，是快樂最大的泉源，它只列於健康和良心之後。

做好孩子的榜樣

顏麗蓉是一名外科醫生，她的兒子與我兒子同班，有一次開家長會，主題是「親情」，她講了一個親身經歷的故事感動了在場的所有家長和學生。

有天，她下班後，拖著疲憊不堪的腳步回到家，打開房門的一剎那，老公瞪著眼睛就是一句：「妳兒子居然說我不是他爸爸，妳問問他是怎麼回事？」

老公莫名其妙的發火，不只因為兒子這一句話，而是許多日子以來在教育兒子的問題上他們存在很大分歧。前幾天兒子回家抱怨，說同學欺負他，老公說小孩子吵架很正常，不要大驚小怪。顏麗蓉一聽不高興了，責怪他不疼孩子，還去學校責問老師，想為兒子轉學。從此，顏麗蓉天天研究各種補習班，一會兒想讓兒子學畫畫，一會兒又想讓他學唱歌。老公很反對，認為這是無事生非。當然，結果是夫婦倆為此不斷開戰。

老公說出這句話時，擺明是做好繼續戰鬥的準備。

可是，顏麗蓉沒有往常那樣衝動，而是沉著地問兒子，到底發生了什麼事。原來，爸爸中午帶他去奶奶家吃飯，兒子貪玩遊戲，叫了幾次都不肯到飯桌前。等他慢吞吞洗完手，發現最愛吃的炸雞腿只剩兩個，他撲上來就是一頓猛吃。這時，他的表妹也沒有吃完飯，看他吃得「兇猛」，就搶走了剩下的一隻。兩人就爭奪起來。雙方的父親見狀，各自訓斥自己的孩子，不知何故，兒子突然脫口說出那句驚天動地的話：「你不是我爸爸。」

自然，爸爸的巴掌立刻落在他的頭上。

老公等著顏麗蓉與他爭吵，可是她卻什麼也沒說。晚飯後，她悄悄與老公商量，應該如何如何對兒子進行教育。老公按照她說的做了，跟她一起來到兒子房內，然後對兒子說了一番話：「第一，去奶奶家作客，要講究禮節，不能為了玩遊戲耽誤吃飯。第二，妹妹相對於你，是弱小的，呵護弱小是每個男子漢的責任和義務。第三，以後不能說『你不是我爸爸』這類話，這樣爸爸會很傷心。」

兒子看著他們嚴肅地說完，點著頭「嗯」了一聲，似懂非懂的表情好像在說，爸爸媽媽這是怎麼啦，為什麼對我說出了同樣的話？老公也很奇怪，妻子這是怎麼啦？顏麗蓉看著父子一臉迷茫，噗哧樂了。後來，她悄悄告訴老公，她聽了一位專家關於教育孩子的報告，明白一個道理——父母親應該一起教育孩子，做好孩子的榜樣，這樣才能發揮出教育的意義，讓孩子在教育中感受親情。

如何教育孩子？一直是父母們關心的頭等大事，許多女人都會抱怨孩子不好管教。其實，古人早就有了良好的經驗，這就是「言傳身教」，父母，是孩子的第一任老師，父母的言談舉止深深影響著他們。比如，父母動不動就吵架，那麼孩子的個性也好不到哪去。

溫馨和諧的家庭，是孩子健康成長的沃土，父母必須達成一致，為孩子共創愛的家園。

將教育孩子的責任與老公一起分擔，是一件非常有趣又有效的事。孩子是兩人的，教育也是兩人的事。妳要是搶功，妳要是總覺得老公教育孩子不如妳，那妳活該出力不討好。

在孩子心目中，父母是平等的，要是父母總在教育自己的問題上爭來爭去，他會很困惑，為什麼爸爸讓我這麼做，媽媽卻偏讓我那樣做？結果是誰的話他都不聽，他很煩。最好的辦法是與老公達成一致意見，如果出現分歧，也要避開孩子，商量完後再告訴他結果。在與老公一起教育孩子的過程中，妳會發現孩子變化多麼神速，老公對妳的教育也有認同的地方，更為欣喜的是，家庭從此充滿了和諧和溫馨。

打開幸福之門

家庭是父親的王國，母親的世界，兒童的樂園。

對待婆家就像對待上司

幾個女人湊在一起，七嘴八舌，說的最多的當然是她們的婆婆。

「我婆婆很難相處，總給別人臉色看。」

「我婆婆從來不給人看孩子，等著吧，以後我也不會養她的老。」

「我婆婆可偏心啦，就知道心疼小兒子，對我們家不管不問。」

「我婆婆那麼大歲數的人啦，真是老古板，那天……」

女人不管到了什麼年紀，提起婆婆，都會有訴不盡的苦、說不完的屈。而女人只要做了婆婆，就像是成了情感的垃圾桶，逃不掉兒媳婦的千般不滿，萬般指責。

婆媳麻辣燙，確實是人間演不完的好劇。

在婚姻之初，我與婆婆之間也發生過衝突。不知為什麼，我感覺她對我總是看不順眼，橫豎挑毛病。我很苦惱，可是也很倔強，我想只要我努力了，一定可以改變婆婆對我的看法。我很勤奮，就像是剛剛進入公司的新人，每日早起晚睡，做飯洗衣，傾心侍奉家人。

沒想到，這樣做不但沒有得到婆婆的認可，反而招來了家人衝突：老公覺得母親虐待了我；婆婆以為我故意這麼做，給她難堪；公公眼看著一家人彼此怨恨，也很煩悶。在這種情

況下，我左右為難，甚至產生了離開這個家庭的想法。

有一夜，我躺在床上睡不著，想起婚後種種遭遇，枕頭都哭濕了。老公很難過，跟我說話我也不理他。後來，他勸我，妳寫寫自己的心裡話吧！這樣也許好些。我哭夠了，就坐起來寫，把平時說不出的心裡話全寫下來，其中既有自己的困惑，也有自己如何想改善家人的關係等等。看著寫好的文字，我忽然有了個想法，第二天，我把寫的東西裝進信封，悄悄放到婆婆床頭。

婆婆是個退休老教師，她看了信，看到我說出心裡話，很受感動。當天，她就跟我說了很多溫馨的話，還說希望我們像親母女一樣交流。我的心中充滿了親情和感動，我覺得自己做對了。

後來，我和婆婆之間經常採用書信交流，我告訴她自己的種種想法，對各種問題的看法，她呢，也會寫下一段時間的感受，對我們的建議，以及各種想法。這種交流方式很有效，不僅減少了衝突，還讓我們成為心靈貼近的朋友。

曾經不少朋友向我抱怨婆婆的不是，不明白婆婆為什麼那麼碎碎唸，我告訴她們：「等妳有了兒子，才會理解婆婆的心情。」我勸她們以後無論有什麼想法都和婆婆溝通，漸漸地，婆媳之間的隔閡就會變淺變少。

那次婆婆生日，我預訂了蛋糕、鮮花，還準備了一桌子豐盛的晚餐，邀請親朋好友到家裡相聚。看著那麼多人前來祝福，婆婆由衷地開心，多喝了幾杯之後就不住地說自己命好，有這樣好的兒媳婦。

我笑著說：「都是大哥大嫂做得好，我們不過是跟著學罷了。您可不能偏心！」

一句話，逗得大哥大嫂樂開了懷。

如果說家庭是個組織，那麼就像公司一樣，每個成員都要做好本職工作，孝敬父母這對董事長，然後還要懂得協調人際關係，處理好兄妹、親戚關係，才能相安無事，和平相處。

和諧甜蜜素

女人們也許忽視了一點，不管妳和公婆之間差距如何大，衝突如何深，妳都不要忘了，你們離不開一個共同點，這就是你們都愛著同一個男人。

父母為了兒子好，媳婦為了老公好，既然這樣，還爭什麼？從現在開始，多與公婆交流，不要給自己後悔的機會。

女人也許不知道，動輒就「你媽怎麼著……」、「我比你媽強多了」的妻子讓丈夫望而生畏，要記住，永遠不要想表現得比他媽還賢慧。

人常說，世界上有兩件事情不能等，一是「行善」，一是「行孝」。

有人說擁有了足夠的金錢就去行善，可是多少錢才算足夠？有人說有了充足的時間就去行孝，可是哪個人不是一天二十四小時，這個時間不是妳說了算嗎？

如果妳把與公婆相處交流的時間列入自己的行程之中，當作自己的工作，妳會逐漸發現，這是一份很美的差事，「回報」將超過妳以往的任何投資。

打開幸福之門

一家人能夠互相密切合作，才是世界上唯一真正幸福的家。

「月光」主婦，容易被掃地出門

晚上看電視時，一位女歌手的金錢觀讓我很受啟發，她說，入行以來，看到很多同行都很窮，大家都缺錢花。為此不少人開口向唱片公司借錢，可是她從來沒有借過。她說，自己唱歌就是為了賺錢，要是賺不到錢，就去做其他工作。她還告訴年輕人不要做明星夢，其實唱歌的人都很辛苦，也很窮。

如此年輕的她竟有這樣的認知和人生態度，我覺得實屬難得。物質橫流的現代社會，還有多少女人願意辛苦工作賺錢？還有多少女人為了家庭辛苦理財？

太多女人現在過的日子，不是賺錢養家，而是專注消費。美其名曰家庭主婦，實際上是一臺消費機器。

三十多歲的女鄰居最近離婚了，帶著一個女孩過日子。說起她的婚變，是她「月月光」的生活習慣造成的。

女鄰居的老公工作不錯，是一家汽車公司的區域經理，月收入過萬元。她本人是醫藥公司的業務代表，收入也很穩定，不到三十歲的夫婦，有這樣的薪水應該很知足，日子很好過。雙方的父母都認為他們結婚幾年，應該存下不少錢，足夠買房買車、供孩子上學開銷了。

可是，女鄰居一家在銀行的存款從來沒有超過一萬元，用她的話說，她是個「月光」主義者，為了追趕時尚，必須每週都去百貨公司，必要時還會專門坐飛機去香港購物。

這種高消費的生活方式，像吸金石一樣，不斷吸光她所有的收入，包括老公的薪水和獎金。所以，他們家的日子總是月初高開猛漲，月底委靡不振。

月初時，她和老公吃吃喝喝、玩玩樂樂，拿著錢打水漂；月底時，錢袋縮水，開始苦著臉跟父母借錢花。

父母非常反對他們的消費模式，多次苦口婆心勸說。女鄰居每次都不以為意：「辛苦賺來的錢不就是為了享受生活嗎？不享受美好的生活，那賺錢還有什麼意義呢？」

由於不會持家，不懂節儉，他家的財政問題一直困擾著夫婦倆。有錢了兩人開開心心，錢緊了馬上怒目相向。隨著孩子一天天長大，開銷越來越多，夫妻倆的衝突也逐漸加深起來。

不久前，孩子入托兒所需要繳錢，恰逢月底，女鄰居剛剛跑到香港選購了一大批時髦貨，把家裡的錢花得一乾二淨。結果繳不出錢，孩子的事耽擱了，公婆為此很生氣，老公也對她不依不饒。

女鄰居一氣之下提出離婚。沒想到老公拍手贊成，就這樣一樁不到五年的婚事，徹底散夥。

與母親們勤儉節約的消費觀念不一樣，現代很多女性根本不懂得管理自己的開支，缺少理財觀念，薪水到手，不剩一分，只求負債，不要盈餘。在這種觀念支配下，月光族成為會花錢的代表，時尚的代名詞。有錢不過三十天，沒錢不過一個月。

只是世事難料，月光族們的日子並非一帆風順，由於沒有一分錢的積蓄，缺乏理財管理，他們的錢財完全被消費掉，一旦生活出現變故，比如購房購車、失業、薪水下調等，立刻會出現入不敷出的狀況，被迫走上「負」翁之路。

金錢不是萬能的，但是沒有錢的日子，是萬萬不行的。記得多年前有個親戚，也是位花錢高手，動不動找人借錢。後來她女兒大了，也養成這樣壞習慣，今天這家借一百，明天那家借兩百，弄得認識她的人都特別煩。有一次，我和老公在門外散步時，她又過來借錢，恰好我們誰也沒帶，她竟然笑話我們說：「哎呀，你們怎麼窮得連幾百塊錢都沒有?!」

這個女孩快三十歲了，一直嫁不出去。想想也是，誰家願意娶一個如此不知節儉，只知伸手要錢的兒媳婦？

和諧甜蜜素

吃得開心，穿得漂亮，想買就買，想花就花……很多年輕女人正在實行這種生活方式。她們被賦予一個全新稱號「月光族」。她們喊出響亮的口號：賺多少花多少。

購物、旅遊、宴請賓友，這些時尚而高檔的消費可以宣洩工作的壓力，改善生活品質。只不過在消費背後，必須有源源不斷的錢財供應。

多少錢才夠花？多少財富才算富有？一個不懂得節儉的女人，恐怕很難回答上述問題。金山銀山，都可以坐吃山空。有位青年作家定義浪漫與浪費時說：「明知那個女孩不愛他，還送給她999朵玫瑰，是浪漫；明知那個女孩愛他，還送給她999朵玫瑰，那就是浪費。」

結婚過日子，不再是浪漫的戀愛階段，最要不得的就是浪費。

所以，節儉是永恆的美德，任何時候也不會過時！

打開幸福之門

勤勞的家庭，飢餓過其門而不入。

不與別人比長短

聽聽身邊女人的抱怨：「唉，錢總是不夠花。」「我要有足夠的錢，那就好了。」「瞧瞧人家某某，老公就是會賺錢，吃的、穿的都是一流的。」

錢，這個令人歡喜令人憂的字眼，千百年一直折磨主婦們的心。

現代女人更是發狂，婚後，兩人加在一起的收入多了，可是能夠自由支配的錢財卻少了。錢不夠花，就會產生衝突，這是真理。

為了錢，多少夫婦在吵架，為了錢，多少婚姻走上不歸路。

好友龔曉莉在生孩子期間，沒有外出工作，家裡的收入減少，她曾一度恐慌，為此沒有少與老公爭論的。可是有什麼用？他也不能生出三頭六臂，一人賺兩人的錢，後來龔曉莉慢慢想開了，她制訂了一份理財計畫。

每月都有開支方案，將生活必需品和非必需品都列在上面。將所有開銷的憑證都保存好，月底核對。這樣做一來可以避免夫妻間的分歧矛盾，二來能有效地節約開支。

在總體預算、總量控制的理財方式指導下，她沒有花錢買一輛普通的、並非理想中的

車，而是選擇坐捷運外出。當時很多人對她的行為不解，認為她太吝嗇了，對她報以非議。可是她很坦然：「車在不斷貶值，養車的消耗也很大，我會花錢買房子，但不會去買既不能達到我的要求，又在時間變化下不斷貶值的東西。」相對於當今社會的一些「房奴」、「車奴」來說，她的主張顯然更為理智。

龔曉莉從事新聞工作，認識很多圈子裡的人，看到她們出入高級酒店，動不動出國購置服裝，對此她不以為然：「時尚不是每天都去五星級酒店，去法國或義大利買衣服。」人們也許不知道，她最貴的衣服竟然不足千元。有一次，幾位朋友相聚，談起對服裝的看法，她很自然地說：「我對衣服的要求就是每個季節的都能夠每一件穿過一遍，這樣就足夠了。如果碰巧還能出席一些重要的活動，那就賺了。」

龔曉莉心靈手巧，喜歡改造服裝，有時候還能自己製作一些手工藝品。參加一次大型活動時，有位富太太看到她別致的項鍊，不禁問道：「妳從什麼地方購買的這條項鍊？」龔曉莉笑著回答：「這是我自己做的。」言語間難掩女人天生對自己藝術創造能力的自豪。

「我是家裡的財政大臣，」龔曉莉常常說，「掌管好家裡的開支，保障全家能夠在有限收入的情況下過著無憂無慮的日子，就是我最大的心願。」

有幾次她的老公覺得生活過於簡樸了，提出一些消費開支。但龔曉莉說：「會理財並不代表窮酸。我可以花最少的錢買最好的東西，只要精準預算，就能讓我們過得很得體。」為了更好地打理家庭財富，她還會對銀行裡的理財商品稍留意一些，對於分紅型保險、基金也有所瞭解，並定期會向專業人士諮詢。因為這方面收益很少，很多人會問她：「這麼點錢有什麼可賺的？」但她說：「既然能賺一點，為什麼不去賺呢？」

在她精心打理下，他們的家庭財富有了穩步提升。有一次老公開玩笑問她如果有一千萬的話，會怎麼支配這筆財富。她思考了一會兒就有了規劃：用一百萬買輛自己喜歡的車，剩下的錢會去投資、做慈善。老公會心地笑了，有這樣的太太打理家庭，他完全可以放心把家庭財務大權交給她。

和諧甜蜜素

女人要學會理財，不要成為只會花錢、沒有大腦的代名詞。

當丈夫把薪水交給妳時，妳就應認真的負起這個責任。給老公該買什麼，給老人、孩子該買什麼，把生活調理到何種程度，要做到心中有數，學會理財。有一天，那妳遇到很棘手的事情需要用錢的時候，確保自己可以不用尋求別人的幫助。經濟平等對夫妻感情的影響很大，最好別出現「我賺錢多，應該聽我的」或「這次我付帳，妳別管」等情況。

女人有錢，不是要追求享樂，而是生命的尊嚴。理財讓女人外表可能並不美麗，但她運用於理財中的聰明智慧早已不知不覺地征服了大家，不管是男人或是女人都會喜歡與之交往。

不要小看一分錢。不妨自己去賺賺看。

打開幸福之門

女人要青春、要魅力，要遇見好男人，更要有錢才會幸福。

第九勺糖

婚姻助跑的啟動器

——誰說婚姻是事業的墳墓

把事業打造成生活最華麗的背景

朋友媛媛頗具天分，擅長書法，十幾歲時就小有成就。大學時，有位男生喜歡她，喜歡她的小楷、隸書，喜歡她寫的各種字，並最終娶了她。此後，她追隨老公到陌生的城市生活，這一去就是十幾年。有一天，聽說她回來辦書法展，我很好奇地去參觀，在那裡，從朋友嘴裡得知了她十幾年來的酸甜苦辣。

在陌生的地方，他們夫婦開始了柴米油鹽醬醋茶的生活。一年後，她生下兒子，生活變得煩瑣，洗衣做飯，打理家事。老公很忙，有了自己的事業，回家的次數逐漸減少。她偶爾也會苦悶，可是想到老公追求自己時說過的「妳就是我的蕊」，心就軟了。她覺得只要老公愛自己就夠了。

時間飛逝，幾年過去，瑣碎的生活讓她失去往日神韻，平淡的日子消磨了老公的愛意。她聽說老公有了外遇。是老公的職員，不僅漂亮而且能幹，給老公的事業不小幫助。誰知，那個女人將兩人的風雲事錄了影，以此不停地索要，終於把老公逼得無處躲藏，對她合盤托出了這件事。

她傷心，也難過，但她決定幫助老公。她主動找到那個女人，勸說她放老公一條生路。

那個女人臨走時拋下一句話：「其實我根本就沒有想跟妳老公一輩子，我現在靠男人，是為了以後不靠。像你們這樣的女人，才是習慣一輩子靠男人的。」

她震驚了，那個女人的話像是錘頭一下一下敲擊在她的心上。經過艱難抉擇，找出了塵封已久的毛筆，重新開始寫字。一個個歷經風雨的字體更顯飄逸生動，很快她聲名遠播，成為知名書法家，並回到家鄉舉辦自己的書法展。

工作也許不如愛情，無法讓妳心動，但它會給妳帶來衣食住行，帶來尊嚴和榮耀。我想對媛媛說：「妳的選擇是對的，有了事業的妳，生活會豐富多彩。這樣的女人，才更值得男人珍惜。」

任何一個雙手插進口袋的人，都不會登上成功的梯子。在這個世上，見多了耀武揚威的女強人，也見多了低眉順目、任人擺佈的小女子，卻很難見到既獨立自主又溫柔可人的美好女性。

女人不僅是花瓶裡的鮮花，更需有自己的蕊，才會有靈魂的芬芳。

十二世紀前，英文字典裡還沒有「SHE」字，在中國，「她」字進入字典不過是近百年的事。可是，「她」字以出人意料的速度發展，成為二十一世紀最重要的一個字。有人甚至將二十一世紀稱為「她世紀」。

「她」要的是獨立自主，「她」要的是用事業打造華麗篇章。

事實很明顯，就算嫁個好男人，也不排除離婚的可能，最終看來，只有事業才是女人最可靠、最實用的謀生手法。

這種獨立維持了男女雙方在經濟、精神上的平等，使妳處理起婚姻關係來，得心應手。

婚姻軟酥糖

一個女人絕不會輕易配得上「美好」二字，一個女人的生活也絕不會輕易配得上「美滿」二字。在這個瞬息萬變、個性彰顯的時代，做一個既獨立自主又溫柔可人的女人，很難，難於上青天。

無數事例說明，雙方在經濟、精神上的平等，使女人處理起婚姻關係來，更得心應手，從容有餘。

當老公對著妻子喊叫「我賺錢多，應該聽我的」時，相信沒有幾個女人表示贊同；當老公說「這次我付帳，妳別管」時，也沒有幾個女人會很開心。別忘了，生活在經濟社會，女人不能做菟絲花，纏著別人，吸附別人的養分來維持生命，是自私的，更是可憐的。

自珍、自立和自愛的女人，才值得男人的珍惜、愛護和尊重，才更可能擁有真正幸福的婚姻。

打開幸福之門

真正的自由屬於那些自食其力的人，並且在自己的工作中有所作為的人。

不僅會撒嬌

前天，公司人事處門口站滿了人，過去一打聽才知道，接待處的趙玉梅又被調動了工作——負責公司的清潔衛生。她才三十來歲，人很漂亮，照說做接待正適合，所以不服從這次的工作安排。

儘管她怨天載道，可是熟悉的人聽了，當面一笑置之，背後甚至拍手稱快。原因很簡單，她工作這幾年，一向都是每日遲到早退、接送孩子、處理私事是她的家常便飯，與她相處的同事們，沒有一個不反感的。

另外，趙玉梅還有個毛病，喜歡議論是非，與上司套近乎，什麼小便宜都愛佔。有一次，公司安排加班，她立刻不高興，到處抱怨：「給這麼少的薪水，還要加班工作，太不像話了。」

她自己不來加班，卻背地裡告狀，對上司撒謊說，「誰沒有來，誰早走了……」

當然，演得好不如做得好。趙玉梅成了工作中的絆腳石，成了同事們的情感垃圾桶，沒辦法，老闆只好把她調離原本的職位。

趙玉梅氣不順，可是又有什麼辦法？

有時候我們也會議論，像趙玉梅這樣不愛工作、天天為了私事忙不完的女人，家庭生活是不是很和諧？有人說：「當然啦，她天天在公司領薪水，卻在家裡照顧老公、孩子，老公能不高興嗎？」也有人說：「這樣的女人，大概也難處理好家庭關係。」

確實，一個不熱愛本職工作，事事處處藏有私心的女人，如何處理好家庭中的各種人際關係呢？

大多數時候，在工作中的表現也會展現出一個女人的生活狀況。那些敷衍了事、厭惡工作的女人，往往婚姻生活也不多麼幸福。

很多女人以為會撒嬌，懂得討老公歡心，就可以生活無憂，幸福無邊。其實，女人是不是可愛，值不值得愛？不僅在於她會不會撒嬌，更在於她的整體面貌，其中包含著她的工作態度、人生觀念等等。

對工作的態度，折射出人生的態度。看看那些婚姻幸福的女人，多數是能夠處理好自己的工作，能夠在工作中與人為善的女人。

一位長相平平的女同學，不甘心做普通的教師，應聘做了女主播，之後，她不滿足自己的成就去攻讀EMBA，在這裡她結識了很多成功人士，並將自己成功嫁給一位身家過億的大富翁。

有人誹謗她，說她看上了富翁的錢財；有人詆毀她，說她的幸福不會長久；還有人嘲笑她，說那位富翁肯定會拋棄她，所謂的羨慕、嫉妒、恨一併向她湧來。

可是，童話般的婚禮，城堡般的房子，幾年來他們夫婦一直過得很幸福。她的老公說，看上她，就是因為她在工作中能吃苦、有擔當、有責任心。只有這樣的女人才會和我同甘共苦，做我堅強的後盾。

婚姻軟酥糖

當一個女人的幸福感，完全取決於一個男人的喜怒哀樂時，這個女人是不幸的，她失去了自我，沒有自由的空間。她，已經成為別人的附庸。

愛，不是單純地討好，不是撒撒嬌就了事。愛，應該是一種正常的人生態度，在這種態度面前，女人與男人平等，她能夠處理好自己與其他一切人的關係，包括各種工作關係。

為了婚姻放棄工作，或者敷衍工作，都不是明智的選擇。尤其是後者，對工作不忠，等於自我貶低，可以說是一種自取其辱。

既然已經選擇了工作，就要把工作做好；就像妳選擇了婚姻，就要想辦法讓婚姻幸福一樣。

會工作的女人，富有責任心、行動力強，懂得與人相處的重要性，還會把握當下，活得充實，這樣的女人，處理起家庭關係來，也一定更有實行性。

著名女作家托妮．莫里森（註）少年時為工作發牢騷，她父親教育她說：「只管去工作就行了，然後拿著錢回家來。記著，妳並不在那兒生活。妳生活在這裡，在家裡，和親人在一起。」莫里森從中得到四條經驗：

無論什麼樣的工作都要做好，不是為了妳的老闆，而是為了妳自己；

把握妳自己的工作，而不讓工作把握妳；

妳真正的生活是與妳的家人在一起；

妳與妳所做的工作是兩回事，妳該是誰就是誰。最重要的是，不要去看遠處模糊的，而要去做手邊清楚的事。

打開幸福之門

一個女人應當具有三個方面的素質：一是如標槍一樣直；二是如蛇一樣柔軟；三是如虎一樣高傲。

註：托妮・莫里森（Toni Morrison，1931年2月18日～）是世界文學最重要的作家之一，以其選集於1993年獲諾貝爾文學獎。她是美國非洲文學的重要作者。她所主編的《黑人之書》（The Black Book），記敘了美國黑人300年歷史，被稱為「美國黑人史的百科全書」。她的一些作品被歸入美國文學，包括《最藍的眼睛》。莫里森獲得過許多文學獎項，其中包括國家圖書獎、國家圖書評論獎、普利茲獎，以及1993年諾貝爾文學獎。

把權力規則扔到辦公桌上再回家

張女士是與我們公司業務密切的老客戶，提起她，所有同事都會「敬而遠之」，不為別的，只因她雷厲風行的工作作風。用我們經理的話說：「沒有人不怕她。」這樣的成功女性，這樣的強勢作派，如同大家想像的一樣，她的個人生活一團糟，婚姻不幸、人緣差、個人情緒糟糕、生活品質極差、同事關係不睦、遭人非議……

大家對這些並不奇怪，好像女強人就該過這樣的日子。事業成功總要付出代價，最理所當然的代價就是婚姻。不是嗎？所有人都這麼想，也都接受這樣的事實，可是做為當事人，張女士依然覺得自己委屈，那次，她多喝了幾杯，向我訴苦：「我不明白，我辛辛苦苦賺錢，為什麼落得這樣的下場？我做錯什麼？我養家、養孩子，我在努力過好日子，可是他為什麼不理解？」

張女士和老公離婚好幾年了，沒想到在她心裡還有這樣的痛楚，真是難以想像，一個人前風光無限的女強人，也有這樣軟弱無助的悲情時刻。

這讓我忽然想起一句話：如今，這女強人幾乎成了「女怪物」的同義詞了。現實的調查也發現，女強人與婚姻不幸的關係最為密切，85％的女強人婚姻不幸；另一項調查顯示，男

人最不願娶的十種女人中，女強人名列前茅。

那些端坐在豪華辦公室，一邊打電話，一邊在文件上飛快簽名，指揮秘書做這做那的職業女性，看上去威風凜凜，為什麼不能駕馭婚姻的馬匹勇往直前？

說到底，這與她們處理婚姻關係的手法有關。往往，她們忘記了把權力規則扔在辦公室，而是把它帶回了家。

和其他的女強人一樣，張女士在家裡依然扮演高高在上的女上司，指揮老公和孩子們做這做那，不是把他們當作親人，而是當成了「小兵」，隨意安排他們的生活，打亂他們的計畫，讓他們對自己俯首貼耳，畢恭畢敬。

甚至，她還把家庭當成辦公室，隨時隨地處理各種問題，發號施令，漠視家人的生活，不履行家庭主婦的義務和責任。

據說，她把孩子扔在父母家，一年到頭去不了幾次；她在家裡幾乎沒做過飯，還和老公立下規矩，誰賺錢多誰當家，所以，家裡的大小事情，老公沒有一點敢作主。有一次，老公想孩子，把他接了回來。張女士知道後大發雷霆，指著老公大罵：「我有個工程馬上開工，白天、晚上都沒時間回家，還指望你去幫忙。你說你把他弄來幹什麼？」在她威逼之下，老公只好把孩子送了回去。可是這事給老公和孩子深深的傷害。

久而久之，老公怕了，孩子生疏了，一家人實在沒有意義過下去，只有分道揚鑣，各走各的獨木橋。

女人，在婚姻中自立自主不是錯，但千萬不要把自己逼成女強人，把婚姻逼上絕路。

李亦非，曾經入選《財富》雜誌年度50位國際商界女強人，但她卻從不承認自己是女強人。她說，她從不讓工作牽絆自己的生活。一回到家，她就變成圍著兒女轉的好媽媽，給老公擦皮鞋做飯的好妻子。良好的家庭氛圍給了她平衡感，用她自己的話說：「如果我沒有這樣一個快樂幸福的家庭，工作壓力真的會把我逼瘋。」

聰明的女人讓事業給予滿足和優越，而不是獲得身心疲憊與婚姻破裂。

婚姻軟酥糖

真正幸福的女人，不是過度豪邁地想到什麼說什麼，意氣用事，更不是以氣勢凌人，而總是透露出令人心悅誠服的氣息。

一切建立在虛名之上的光環，註定只不過是曇花一現。

不管在外面多麼風光，多麼不可一世，回到家中，女人該扮演的還是媽媽的角色，妻子的本分。圍著孩子問長問短，幫他洗衣服、講故事，做他愛吃的飯菜，讓孩子享受到母愛的自然與偉大。在老公面前噓寒問暖，給他講講生活的瑣事，陪他看看球賽，說說自己的煩惱，談談兒女的未來，關心關心他的健康，因為只有他們才是妳心靈深處最牢靠、最穩定的支柱。

家是心靈的港灣，是溫馨的樂園，是妳和老公辛苦鑄就的愛巢，是情感的棲息地。不要把權力規則帶回家。

打開幸福之門

我從來不偷懶。你可以說我做得還不夠完美，但你不能說我沒有盡力。如果妳在小事情上苟且，那麼妳在大事上和妳的一生中，一定是一個苟且的人。

在事業和家庭的中間地帶跳一曲探戈

一天，與朋友共進午餐，其中一位女士是某跨國化妝品集團某地區的高級主管，有權有錢，住著別墅，開著豪車，人人羨慕。

席間，聊起理想中的生活模式，她卻很感慨，說自己多年來疲於出差、開會、洽談業務，終日被公司人事折騰得要命，因此無限嚮往那種悠閒自在的家庭婦女生活。她說：「要我說，住在空氣清新的郊區，每日做做家事、煮煮飯、遛遛狗，在院子裡種花養樹，這樣的日子最好不過。」

她的話音剛落，與她同行的另一位女士就笑出聲來：「妳家保母不就過著這樣的日子嗎？」在座的人都跟著笑起來。

記得電影《艾莉的異想世界》裡有句臺詞：「最壞的情形，並不是你得不到你想要的。是得到了，卻發現你並不想要。」現代女人，在婚姻與職場間遊走，往往會落得這樣的結局，得到了事業，卻忽略了婚姻；維護了婚姻，又無法安心做好事業。

人心貪婪，總想著事業、婚姻雙雙豐收，可是做到這一點，十分之難。

孫玉琳是我多年的好友，她所在公司因為業務需要，想讓她去國外開發新市場，任該國總經理，希望她考慮。去國外開闢新市場，雖然辛勞，但職位比現在高了很多，這是她多年工作的回報，也是每位職工的追求。然而，遠離家鄉和親人，拋下尚未成年的孩子，與丈夫分居，又是每位女人最不忍的心事。所以，她十分煩心，希望我能給她出主意。

聽了她的訴說，我沉思良久才說：「看妳想要什麼樣的生活，最後做決定的是妳自己。」

她沒說什麼。

去與留，很多時候只是一念之差，真希望她能權衡利弊，做出最好的選擇。

一個星期過去了，她再次來電，聲音聽起來與前次有明顯的差別，沒了猶豫和遲疑，多了自信和快樂。她高興地說：「我決定留下來。首先，我對自己的年齡很敏感，畢竟已經是四十多歲的人了；其次，做為一個女人，我渴望幸福和諧的家庭生活，我捨不得留下老公和孩子。」

我由衷地祝福她做出了自己想要的決定。「多虧妳那句『看妳想要什麼樣的生活』，它提醒了我，讓我想了很多。這才讓我最終做出決定。」我知道，一直以來，她對自己要求很高，有時候近乎苛刻，她事業心很強，總希望出人頭地。如今，她為了家庭放棄出國發展的機會，看來是經過了深思熟慮。

女人，要江山，更要做女人。婚姻易碎，年華易逝，在事業和婚姻間行走，宛如走在一根險象環生的鋼絲上，走不好會很危險。走好了，跳一曲屬於你們的華爾滋，則是另一番天地。

女人是家庭的CEO，只有尋求平衡，才能維持婚姻和事業不衝突，必要時，犧牲工作也不能破壞婚姻。

婚姻軟酥糖

一位女高級官員演講時，有位學生問她如何在家庭和工作之間實現平衡，她指著臺下的丈夫說：「他，就是我的平衡之道。他雖然身為教授，但是很喜歡做家事，也樂意輔導孩子們，家裡的大事小事交給他，我很放心。」

有了一個可以照顧家庭的老公，女人就沒了後顧之憂，聽起來是一個不錯的主意。

問題是，是不是每個女人都這麼幸運，可以找到一個替自己擔負家事的老公？同時，由男人打理家事、相妻教子，這種生活模式對孩子的影響有無不利？

儘管男人和女人一樣愛孩子，可是母愛的缺失對孩子造成的傷害有多深？

所以，將家事推給男人的做法，聽起來不錯，實施起來卻很難。

女人，做好平衡工作，還必須自身努力。

不必太苛求，不必太玩命，女人在世，最大的享受應該來自自己的性別優勢。心態平和與安寧是女人魅力的象徵，這會讓妳保持一份學也學不來的優雅。

打開幸福之門

人類需要善於實踐的人，這種人能由他們的工作取得最大利益；……但是人類也需要夢想者，這種人醉心於一種事業的大公無私的發展，因而不能注意自身的物質利益。

請他做妳的事業幕僚

去年暑假，朋友李紅雲夫婦帶著孩子來玩，一起遊湖、吃湖鮮、打蓮蓬，玩得不亦樂乎。看著他們夫唱婦隨、歡天喜地的樣子，我由衷為他們高興。

多年前，我出差去他們所在的城市，為了與她敘舊，在她家裡住了幾天。後來，其他同學聽說了這件事，竟大驚說：「妳怎麼敢住在她家？她和老公打架，像不要命似的打耶！」

我知道，李紅雲是好強的女人，脾氣急躁，為了做事業付出很多。她老公工作很一般，收入有限，不用想也猜得到，李紅雲對她老公肯定心存不滿。

女人強勢，男人又沒有什麼本事，這樣的夫妻不打架才怪呢！

李紅雲說，她老公一向不知道疼她，她跑業務回家，天多晚了，老公也不說話安慰她。女人跑業務，地球人都知道，那是有潛規則的。李紅雲這樣好強愛錢的女人，想必也會在色相上有所犧牲，即便沒有，老婆天天在外跑，不管孩子不理家事，做老公的也心懷芥蒂。想來李紅雲的老公也是無可奈何，所以與她打架時下手比較狠。

以前，李紅雲也多次說過，跟老公沒感情，要跟老公離婚之類的話。然而就是這樣一對夫婦，在很多人眼裡是走不到盡頭的兩口子，去年見到他們時，竟然發生了翻天覆地的變化。

李紅雲見到我就說，老公身體不好，血糖高，有糖尿病，不敢讓他受累了。那神情，道道地地一個賢慧妻子，哪裡還是打架不要命的母夜叉？

李紅雲是個事業心強的女人，在遊玩時也不忘事業和工作，接打的電話非常多，但她的語氣和態度與從前明顯不同，她經常與老公商量一些問題，聽從他的看法和意見。有位客戶希望今天接到貨，李紅雲馬上問老公：「我們在外地，怎麼給他發貨？」她老公說：「不要緊，我給某某打電話，讓他去幫忙。」

此情此景，讓我跌破眼鏡，這是那個事事好強、處處佔先，從不把老公放在眼裡的李紅雲嗎？

後來，我忍不住問她：「怎麼，把大權交給老公了？」

「不是，」李紅雲認真地說，「這幾年我慢慢覺得，男人和女人就是不一樣，他們考慮問題、做事比女人全面。我這幾年業務逐漸多了，遇到很多事情就跟他商量，效果就是不同。有了他的參與，我輕鬆多了，而且事業發展也順利很多。」

我說：「妳那個急性子，就該有人管一管。」

李紅雲說：「年輕時心急氣躁，做了不少錯事。現在才發現，老公是最疼自己的人。」

「那當然啦，」我說，「你倆才是綁在一根繩上的，就連孩子也比不過你倆親近。」

李紅雲連連點頭，還給我出主意：「真的，男人考慮問題的角度往往很全面，也很周到，能顧及各方面的利益，不像我們女人，有時候情緒用事，很容易得罪人，也不利於事業開展。妳以後要記住這點教訓，什麼事多與老公商量。」

聽了之後，我笑開了，多年來我一直這麼勸她，沒想到今天她反過來勸我，看來她是越「老」越懂事，越「老」越知道如何處理婚姻和事業的關係了。

婚姻軟酥糖

協調婚姻和事業的關係，問十個女人，九個半會說：「太難」，她們會抱怨老公不支持，太自私。其實，女人認為為了事業，男人就該替自己打理家事，這是比較笨的想法。

男人和女人的天性決定，他們更適合做事業打天下，而不是在家裡洗洗刷刷，看著孩子刷牙、洗臉。

正常的婚姻關係中，如果女人的事業蓬勃發展，男人一事無成，註定他們不能和諧相處。聰明的女人不是責罵男人無能，逼著老公做家事，而是請老公一起參與自己的事業。

男人好面子，哪怕他一竅不通，也會指手畫腳；哪怕他只知道皮毛，也要表現出無所不能。給他一點陽光，他就會燦爛。況且，男人的大腦比女人理性，他思考問題的時候，與女人的角度會不同，他更注重做事的效率和結果，更看重人際關係的維護，而不是斤斤計較利益的得失。總之，有了他的參與，女人的事業發展應該比較穩固和全面，女人自己也會更輕鬆自如。

請男人參與自己的事業，還有什麼不支持可說？當他興高采烈地為妳出謀劃策時，你們的關係肯定有了新的深的發展，直至不可替代。

打開幸福之門

只要妳不計較得失，人生還有什麼不能想法子克服的？

把成功轉交給男人

在新加坡旅遊時，又結識了一位六十來歲的女士，她在一家餐館老闆家當保母，替老闆照顧三歲的孩子。從她的言談舉止看，她不像是出身貧寒的女人，後來我得知，她竟是一位來自大陸的優秀女士，曾出任高官，而且幫助老公創立了赫赫有名的大公司。

我很奇怪，這樣的女士為何來到國外，還甘心做一名普通保母？難道她遭到了丈夫遺棄，或者遇到了什麼政治、經濟難題？

回答出人意料，她說，我退休後不想虛度歲月，希望到世界各地看看，所以就背起大包小包踏上了行程。帶著300美元上飛機，跟著旅遊團轉了幾天，錢花完了。我不甘心就這麼回去，又不願跟人借錢，也不願家人匯錢，看到不少人在這裡打工，也能賺錢養活自己，我為什麼不能打工賺旅遊費呢？

我一臉驚訝的表情，忍不住問：「可是妳這樣做，不怕老公知道了反對嗎？再說，妳這種身分地位的人，怎麼能出這種苦力？要是傳回國，對妳和老公的名聲很不利啊。」

她笑了：「老公支持我出來走走，我們都不是那種為名所累的人。我覺得現在很快樂，老公知道了，也一定會支持我。」

她和老公白手起家，從貧賤相守到如今富貴有餘，生活經歷了許多風風雨雨。她一直默默地支持老公，幫助老公，在老公打拼事業的時候，她為了全力以赴幫助他，辭去了政府職務，勇敢地做了老公堅強的後盾。

在老公的創業路上，她發揮了至關重要的作用。很多次，她出面幫老公疏通人際關係，洽談各種業務，還跑銀行貸款。憑藉她曾經的官府職務，加上她各種人脈關係，老公的公司順風順水。

正是她的一路相伴，老公的公司披荊斬棘，在多次經濟風暴衝擊下依然茁壯成長，如今已是業務遍及多個國家、年營業額超過十幾億的大公司。

我說：「妳為公司付出這麼多，現在卻給人家當保母，這太不公平了。妳老公應該請妳在公司擔任要職，享受更好的待遇和生活。」

她回答：「我付出，是因為我樂意。看到老公的成功，我很開心，這就夠了。做為女人，我覺得沒有比看到老公成功更開心的事了。」

所謂功成身退，是不是就是這種心境和氣度？

俗話說，每個成功男人身後都有個了不起的女人，從這位女士身上，我領略到了這種意境。

記得有篇文章介紹美國總統夫人蜜雪兒，在歐巴馬競選總統期間，辭去芝加哥大學醫院副院長的職務，全心支持老公參選，從幕後走到臺前，在一些關鍵活動中發揮重要作用，拉近了歐巴馬與選民的距離。歐巴馬當選後，她身兼多職，但卻不做「工作狂」，而是盡量將更多的時間和精力用來照顧老公和女兒們。她享受生活，將喜悅埋在心底，為老公的成功高興，這種做法也符合美國選民的心理。

可見，女人以老公的成功為成功，不失為一種智慧之舉。

婚姻軟酥糖

名利是懸在頭頂上的兩把利劍，稍不留心，它們會斬斷你所有的快樂。人的慾望是無止境的，人生又何其短暫。與其為了名利爾虞我詐，不如放下身段追求快樂生活。

實際上，快樂是人生的最高境界。

保持住一份恬淡的心，一份淡泊的情懷，將成功轉交給老公，妳會發現，自己其實過得很快樂。

女人做事業，與老公分攤家裡的開支，這是好事。可是，工作做到百分百，反而疏忽了婚姻和情感，不如用百分百去關心男人的工作和興趣。

當他與妳分享成功的快樂，妳一定要表示出驚喜和讚賞，並將這份喜悅埋在心底。做為女人，還有什麼比看到老公成功更開心的事？

有一顆平常心，淡泊名利，把成功送給老公，把快樂送給自己。

打開幸福之門

在所有生物中，女人最怕的是女人，而且在所有的女人中，最怕的是又聰明又美麗的女人。

第十勺糖

離不了的兩性寶典

——保持性福與幸福的黃金距離

化成一隻美麗蝴蝶

在網路上隨意瀏覽，看到部落格有人留言抱怨自己的老公。我有些好奇，什麼樣的老公會帶不出去？透過閱讀她的文字才知道，她的老公在外人眼裡就是個傻子，包括她父母在內，都不欣賞他，經常對他說三道四。她是個愛面子的女人，眼看著各方面都不如自己的女性朋友們，嫁的老公反而比她老公強，有的老公帥，有的老公會賺錢，有的老公有情調，再看看自己的老公，168公分的個頭，也沒什麼本事，成天就知道上班拿點薪水，下班了在家裡洗洗刷刷，對自己唯唯諾諾，一點社交能力也沒有，男人哪有這樣的？真不知道當初腦子怎麼短路嫁了他。

她認為老公給她丟人，所以不敢帶著老公出去見朋友、親戚，甚至不願和他一起出去吃飯。隨著彼此疏遠，兩人的「性事」也受到影響。她一直不積極配合，後來乾脆玩起「無性婚姻」，不讓老公近身。同睡一張床卻形同陌路，獨飲著痛苦的悲酒，那份滋味，豈是一句話說得清楚。

世界之大，無奇不有，因為面子問題，而傷及夫妻性福，這個訴苦叫屈的女人，真讓人可憐又可惱。

無性婚姻是最痛苦的，可是偏偏那麼多女人喜歡用「性」來折磨自己的老公。稍有不順心，就拿性去威脅他，認為這是絕招，你不讓我痛快，那你也別想好過。這種做法看似效果明顯，其實深深傷害了彼此的身心，久而久之，會迫使雙方走向分手之路。沒有性的婚姻，說白了是一種畸形的男女組合方式，這種組合註定短命，更不要提永久的幸福。

食色，性也，人之常情。現實情況是，男人只有在要求「性」的時候才會有相當的耐心，而這個耐心恰是建立在那個「性」要求會得到滿足的基礎上。

所以，高明的妻子絕不會隨意拿「性」威脅老公，她們會用「性」這個黏合劑去增進夫妻感情，促進婚姻幸福。

一對來自香港的夫婦，都是我的朋友，是標準的「女貌郎不才」組合，乍看，老公根本配不上妻子。可是多年來，他們生活很美滿幸福，在妻子鼓勵下，老公的事業也蒸蒸日上。談到婚姻成功的經驗時，妻子很自豪地說，當年所有人都反對我嫁給他，可是我們彼此喜歡，在一起的感覺超棒，誰也離不開誰。她是個很感性的女人，講到夫妻之事時不無得意地表示，自己很會調情，常常和老公邊喝啤酒邊聊天，然後慢慢進入狀態。她說，老公很喜歡她親吻的感覺，那種被啃噬的滋味太奇妙了。

她還喜歡說一句話：老公是自己的，不管外人怎麼評價他，與妳共度一生的人，只有他。那麼，只要他真心對妳，妳為何不以真情接納他呢？

男人性慾旺盛，總是希望能擁有一個火辣情人能與他親熱以滿足身體的慾望。在這個時候，妻子拒絕與他做愛，勢必給他澆了一盆冷水，令他身心受損。

所謂夫妻情分，心靈的共鳴來自身心的交流，離開性的溝通，夫妻何以成夫妻？無性的婚姻是殘忍的，是一種施暴行為。

不介意他長得怎麼樣，不介意他有怎樣的成就，願意讓一雙柔軟的手停留在他臉上，抹走他臉上的脆弱。經常撫摸男人，也接受他的撫摸，可以消除心理障礙，無聲地告訴彼此：「我需要妳。」

沒有什麼比「性」更能給人安慰，讓人放鬆，使人快樂。

女人，應該明白，在性愛關係上，夫妻雙方都在付出，也都在渴望回報。所以，女人應該停下抱怨，學會為性愛付出，充分享受性愛帶來的快樂。

打開幸福之門

婚姻猶如一艘雕刻的船，看妳怎樣去欣賞它，又怎樣去駕駛它。

狐狸精，媚男術，做一個調情高手

曾經有位女同事，結婚後辭職做專職太太。兩年後，她要求重新上班，原來她與老公離婚了。她向我們哭訴說老公對不起她，自從有了孩子，他很少回家，經常出入一些燈紅酒綠的地方。

為了震懾老公，她一改溫良作風，每天都要叫嚷幾次離婚，希望老公能夠有所醒悟。然而，她每次叫嚷「離婚」都彷彿是在催促老公離開她，離開家一樣，老公不但沒有回頭，還有了一位情婦。

後來，情婦懷孕，老公恬不知恥對她說，情婦很性感，讓他滿足，現在又有了身孕，只能犧牲老婆，來照顧情婦和肚子裡的孩子……

女同事離婚了。她一面痛罵老公無情，一面痛罵那個情婦：「狐狸精，搶了別人的老公，不得好死。」聽她張口一句「狐狸精」閉口一句「狐狸精」，真的讓人感嘆，「小三」橫行，女人擔驚，可是為什麼正妻抵不過「小三」？照說正妻佔據天時、地利、人和的優勢，怎麼就打不過歪門左道的「狐狸精」？

「狐狸精」，是一句罵人的話，專指靠色相魅惑男人的女人。「小三」能魅惑男人，妻子為何就不能呢？

說到底，這與女人的心理有關。一來她認為結婚了，穩定了，該卸去偽裝舒舒服服、隨隨意意過日子了。二來女人天生羞澀，羞於談「性」，更有甚至，認為在床幃之間過度賣弄，那是壞女人的行為，不屑也不齒。

這些自以為清高的女人，忽略了人性的本能。男人好色，女人也好色，這是生理本能。一位開放的女性朋友在談起自己的性愛經驗時，無比陶醉地說：「我和老公在一起時，總會找一個舒適的地方，放音樂、喝點小酒，最重要的是他很注重我的感覺，也不是那種做完倒頭就睡的人。他會給我一些驚喜，放一池溫水共浴，那感覺一輩子都忘不了。」

女人容顏易老，即便是個美人坯子，也有老去的一日。但是情趣是永遠的存在，相處幾十年，不想厭倦與陌生，必須懂得調情。一個硬梆梆、冷冰冰的老婆，在床上還要指揮男人做這做那，誰能受得了？或者在男人忙的時候，她了無興致，毫無反應，也會讓男人抓狂。

在性愛關係中，雙方互動最重要。那次，我和老公參加朋友的聚會，凌晨三點鐘才回到家。老公放水讓我去洗澡，我卻一把抱住他，一臉癡迷地說：「我想要。」我們興致很高，同時達到高潮，事後老公撫摸著我，悄悄說，他最喜歡我用手滑過他全身，在他耳邊吹氣，用手指穿過他的頭髮，親吻他的脖子，用指尖搔我，抓他的背；他說，聽我在他耳邊喃喃細語，在他身上纏來纏去，他真的愛死了。

性感什錦糖

女人要懂得調情。不為別的，只為了增進彼此的愛。有不少女性誤把肉感當性感，又或太張揚的騷首弄姿，殊不知更高境界的性感，才是「性感在骨子裡」。

自身撫摸的一些小動作，比如燦爛的笑臉，天真或帶媚態的眼波，憂鬱或出神的意態，以及半騷半軟的語調，這些都能吸引男人。隨意地咬手指、托起腮，甚或輕輕把頭髮向後撥動，無奈時會聳聳肩膀、輕撫著肩頭，這些動作會喚起男性深深的慾望。

不忘呢喃軟語繞耳邊。呢喃軟語，是男人最喜歡聽的語言。

心中不乏野性。一個女人外表可以不野性，內心卻一定要有野性的東西，這種東西就是讓男人覺得妳充滿刺激，帶著神秘感。為了這份野性，妳要具有冒險的勇氣，經常嘗試一些新事物，不忘幻想，甚至有股豁得出去的勁頭。

打開幸福之門

男人的骨骼和肌肉都是三角形的，尤如矛一樣，是主動攻擊性的特徵，女人的骨骼和肌肉是弧線形的，是柔性和被動性的。表現在兩性交往中，男人是主動的，女人是被動的。

下半身決定下半生

關於性的話題，可算是無處不在，一則網路調查顯示：80%婚齡在七年以上的女人都有相同的體會：

「他在床上對我的熱情和好奇彷彿已經蕩然無存。」

「做愛就像例行公事一樣。」

「是不是因為太熟悉了就一定會走向平淡呢？」

「每次看他心滿意足地睡著，我都感覺自己像吃了虧一樣，心裡很沮喪。」

「要讓心理和生理一樣滿足真是太難了。」

「三十如狼、四十如虎」，這是說女人隨著年齡增長，身心成熟，對於性的要求和體驗越來越高。可是偏偏隨著結婚日久，夫妻關係趨向平淡，性也一日日了無情趣。

性愛是婚姻的活力素，沒辦法滿足性的需求，婚姻品質也難達到高水準。

太多婚姻的不幸，歸根究底都是因為性的不和諧。追求美滿婚姻，就要做足床上工夫，因為人性的本能表明，下半身可決定你們的下半生。

女人，抱怨不夠「性福」的時候，有沒有想到，自己是不是願意主動認識和評價自己的性生活，肯不肯為性趣「加油」？很多情況下，老公非常努力地討妳歡心時，是不是「無功而返」？是不是由於妳在「性」方面不夠大膽，缺乏主動，甚至只知道索取，使他無法準確感受妳的需求，造成性事不諧？

曾經讀過一位網友的日記，現在想想都覺得好玩。這位女網友很保守、很傳統，二十多年前，她和老公才三十多歲，當時，老公因為工作關係有了出國的機會。

在國外，老公接觸到了新鮮刺激的事物，回來後對她大講各種觀感，並且給她看從國外賓館帶回的畫冊。那都是些真人照片，上面有各式各樣的性交動作。她第一次看到這些東西，覺得又刺激又害怕。到了晚上，老公要求她按照那些動作演習，她勉強做了，但很不放心，偷偷給心理醫生打電話諮詢。她說，我們結婚十年來，性生活一直很正常很正常，他現在忽然帶回來這些新花樣，我真的很難接受。我覺得他是不是變壞了，才有這樣的惡俗趣味，我再也不想和他做這種事了，可是我怎麼才能勸阻他呢？

醫生哭笑不得。

那個時候，性遠遠沒有今天這麼氾濫，很多女人的性生活還處在自我封閉狀態，對她來說，偶爾一絲新變化的侵入，無疑是一種心靈的極大震撼。

幸運的是，在老公帶動下，她對性的認知有了改變，而且逐漸懂了床上功夫對婚姻的影響。

現在，她和老公都是五十多歲的人了，但他們依然看重性事。隨著兒女長大成人，他們的時間寬裕了，生活富足了，在性方面的精力也更充沛。她悄悄對老公說：「我很想去國外，去體驗你二十年前的經歷。」

老公會心地微笑，答應了她的要求。在陌生的異國他鄉，夫婦倆找回了年輕時的激情和感覺。他們在國外的田野裡、雜草鮮花、藍天白雲下一邊開車一邊做愛，刺激、冒險的氣氛給他們很大的解放感，在最狂野、放肆的過程中，他們達到了前所未有的幸福感覺。

她寫道，不管到了什麼年紀，女人都要表現出對老公的「愛」，不但嘴上誇，還要有「吃掉他」的慾望。風情且慾望勃發的女人，永遠給男人強烈的性趣。保守太太，也只能給老公敗興。

性感什錦糖

大膽地說出自己想要的東西，溫柔地告訴他自己的感受，這會激發男人的勇氣和信心，讓他知道努力的方向和目標。不然，他可能像苦力一樣辛苦，卻難以讓妳滿足。

法國作家盧梭認為：「女性向男性進攻的最有用的常規武器就是溫柔。」

抓住性愛機會。事實上，不少女人讚賞急速做愛帶來的刺激，這讓她感覺到新奇和神秘。經常變換花樣，達到身心合一，是性愛的最高追求。拓展雲雨之地，不要把床做為唯一的做愛場所。

許多時候，即興而起的慾望會帶來更美妙的感覺，妳盡可以選擇合適的地方愛一下。沙發、地毯……會為妳帶來更神奇的性愛樂趣。

打開幸福之門

婚姻就好比橋樑，溝通了兩個全然孤寂的世界。

適當的距離後剎車

一個年輕的女網友悄悄對我說，半年前她出國工作，由於擔心老公在家裡守不住，就給他準備了一個充氣娃娃，沒想到假戲真做，半年後她回來，再也享受不到老公的溫柔愛撫，而一律是硬梆梆的粗暴動作。她和老公為此吵了幾次，害得老公很沒信心，夫妻性生活大打折扣。

我想對她說，妳這是聰明反被聰明誤。男人對於性的需求，不是女人想的那麼簡單，他在做愛的同時也在釋放愛情。沒有愛情的性，同樣會毀滅一個男人。

所謂的情如魚水，女人想當然地認為自己是水，男人是魚，用性去束縛、要脅，甚至打擊男人，其實，女人的過度作為往往給男人偷情的理由：想想每次在床上不配合的是誰？擄獲男人的心，性是一把利器，但是無休止的糾纏，或者不恰當的作為，不僅無利於婚姻，還會摧毀愛情。

卡斯楚有句真知灼見：女人永遠不要讓男人知道她愛他，他會因此而自大。

女人，恨不能天天與老公廝守一起，監視他的一舉一動，生怕出現一點意外，希冀「君心似我心」。然而事實卻總是向著自己希望的反方向發展，背道而馳的現狀總是令女人傷

心，男人都是酒色中人，是渴望自由的動物，在女人的全面管理下往往會更加「叛逆」，甚至在外面找女人幽會。

吸引男人，而不是捆綁男人，這才是女人該做的事。

菲菲算不上漂亮女人，卻找了個既帥又多金的老公，有人說，那就別上班啦，有老公養還那麼辛苦幹嘛，還有知心好友私底下跟她說：「看住嘍，條件那麼好的男人很容易被人搶走的。」菲菲總是淡然一笑，從不把這些話放在心裡，照舊上班，照舊過日子。

菲菲將自己的生活打理得很有格調，她去學了廚藝，不是為了取悅老公，只因為她喜歡，兩個人，燭光下對著一桌子美食淺斟慢飲，既有情調又能放鬆壓力。

老公很忙，菲菲也從不閒著，在工作之餘，常常一個人守在家裡，但是她沒覺得寂寞，插花，做手工，把家裡佈置得像伊甸園，老公每天回家，都會看到家裡的變化。

沒事的時候，一本書，一杯茶，一首歌，靜靜的沉迷。菲菲的日子一如從前那般閒適自在，她彷彿一道輕煙，來去無蹤的感覺，讓老公掌控不住。

快要三十歲生日了，老公打算舉辦一次化妝舞會。但她沒有想像中開心，她說：「我只想一個人走走。」老公不解，追問原因，她笑著說：「不為什麼，就是想一個人獨處。」如何拯救自我，恢復信心？孤獨是療傷的良藥。獨自一個人，足可以讓脆弱的心靈得到調理和恢復。

但菲菲的妹妹不理解，她追著菲菲問：「是不是妳和姐夫有了矛盾？看你們漫不經心的態度，真讓人擔心。」

菲菲告訴她，女人要做一輛高檔跑車，學會在適當的距離會剎車，這樣男人才有追下去的興趣和信心。

性感什錦糖

不要時時纏著他，妳應該對他若即若離，讓他不得不牽掛妳，然後他才會珍惜妳。不要只在他的生活中扮演一種角色，時而如母親般呵護，時而像女兒般依偎，時而像偶像一般崇拜。

打開幸福之門

性愛是生命的鹽。

給自己留一塊神秘的禁地

在社區散步時，聽到一位四十歲左右的女人在哭訴，她拉著另外一個女人的手，不停地說：「這些年我掏心掏肺，我把什麼都給了他，給了這個家。可是他還是不知足，還在外面亂搞！」

是男人不知足，還是女人給他的太多、太足了？一個人吃得過飽只會厭食，肯定不會感激，如果，女人將自己無所保留地袒露給男人，就會產生這種效果。

高明的女人熱愛婚姻、熱愛家庭，但也懂得為自己保留一塊神秘的禁地。因為男人是好奇心強的動物，如果讓他一眼望到底，失去了探究的興趣，他對妳也就不再那麼迷戀。就像尋寶遊戲一樣，一下子得到寶藏的地點和曲徑通幽相比，在某種誘惑下前行會更有趣。

自從有了手機，自從有了簡訊業務，多少夫婦為此吵破了頭。一條曖昧的訊息、一通莫名的電話，都是吵架的好理由。那天，老公的一對朋友夫婦忽然吵上家門。原來，男的準備出遠門，說好了給我老公捎帶一些物品，所以趕到了我家。可是他出門前，老婆發現他的手機了有條曖昧簡訊：幾點到站？她斷定發簡訊的人是位美女，認為老公背著自己和女人去外地幽會，因此一路狂奔追過來，又吵又罵，痛苦不已。

我勸她：「算了，一條簡訊，不至於這麼嚴重。」
她說：「他就是不要臉，常常偷著去陽臺打電話，半夜三更與那個女的發簡訊。」
我說：「也許只是業務關係，別太擔心。」
她急了：「什麼業務關係？我也有業務，可是妳看看我的手機，哪有這些亂七八糟的東西？我的手機隨便看，我什麼都跟他說，他怎麼不敢讓我看他的手機？」她一邊說一邊拿出手機，逼著老公翻看。
看來是秀才遇見兵了，這種女人認定了一個理，就不會善罷甘休。
後來，不知道他們是怎麼走的，反正我很感慨，對老公說：「看見了吧！這些年我們沒有好好利用手機創造打架機會啊！」我和老公從來不干涉對方的手機，也從沒有為手機生過氣。
我想起朋友小周夫婦，他們都是生意人，應酬的場合多，各自認識的朋友也很多。按照常理，這樣的夫婦為了「手機」會經常吵架，但他們從來沒有。小周不僅長得漂亮，也很能幹，她說：「我們結婚時就立下了規矩，不經過對方同意，誰也不能私自查看、接打對方的手機。」
這條規矩很有用，多年來彼此互不干涉對方的私事，保留一份神秘，反而增進了彼此的好感。
也有好心人提醒小周：「妳這麼放心老公嗎？男人可都是吃腥的。」

小周說：「信任是互相的，他相信我，我當然也要相信他。」

小周很會調劑自己的情緒，在繁忙之中總會為自己留出一點空間。去年年底業務很多，她忙完之後給老公打通電話：「親愛的，我這邊的事完了，我要去休息幾天。」

老公以為她回家休息了，可是回家後找不到她，直到第二天中午才接到她的電話，原來她去了海邊度假，正在享受陽光、海灘和藍天的擁抱，愜意無比。

短暫的分離，偶爾的獨處，都會增加女人的神秘感。男人，就是這樣一種貪婪的動物，越神秘不可測的女人，越容易吊他的胃口。所以研究發現，那麼多男人迷戀情人，不為別的，只因他們每天相處超不過兩小時。不信的話，讓他們二十四小時泡在一起看看，結果是：不出三天也膩了。

性感什錦糖

婚姻貴乎坦誠，但坦誠得讓對方無法接受，也就成了敗筆。

婚姻不是職業，家庭不是公司，而是實實在在的生活。

所以任何時候都要保持一份神秘感，讓對方保留探究的慾望，這就像我們玩尋寶遊戲一樣，一下子得到寶藏的地點會不珍惜，曲徑通幽有時候更有趣。

偶爾獨自一人，過著一小段無牽無掛的日子，不僅可以調理和恢復自己脆弱疲倦的心靈，還會讓婚姻變得富有色彩和情趣。
不要再讓他覺得妳喋喋不休，保持適度神秘感，讓他欲罷不能。

打開幸福之門

沒有人為妳的快樂負責，快樂要靠妳自己去尋找。

你若不來，我便不老

今天從網路上看到一個新詞：小確幸，微小而確實存在的幸福。一件小事，比如打開窗子，雨過天晴，陰霾的心情瞬間轉好，這就是一件小確幸。

細細想來，婚姻也好，生活也罷，如果總是從中感受到一連串小確幸，不就是真正的大幸嗎？

三十多歲的表弟媳婦近日遭遇感情的伏擊，深感惶惑，向我請求指教。

其實，表弟的故事並不複雜。他九歲的時候，附近搬來一家新戶，那家有個女兒叫小薇，他們一起上學、一起回家、一起玩耍，度過了美好的童年和少年時光。

少年情懷，也在表弟心中埋下了深深的情感和渴望。

可惜，後來表弟跟隨父親去了另外的城市，他和小薇的故事也就戛然而止。

再後來，表弟與大學女同學戀愛、結婚、生子，過起了普通的夫婦生活。

本來，生活可以這樣一帆風順下去，沒想到去年表弟回到原來的城市開會，從同學口中意外得知了小薇的消息。小薇也跟著父母搬離了當地，只不過這些年生活不算順利，離婚帶著一個女兒生活。

表弟立即給小薇打了電話，兩人沒有多說什麼，但能感覺到彼此的默契和心意。斷斷續續聯繫兩個月後，表弟和小薇見面了，儘管分別十幾年，他們還是一眼就認出了對方。

兩人聊了很多，從當年的分別到如今各自的生活。小薇說自己不再相信愛情，也不相信有人願意撫養她的孩子，總之，她的無助和落寞，讓表弟燃起了保護的慾望。當晚，他們相擁而眠，奇怪的是，他們睡得很香很踏實，但沒有越軌之舉。

不久，他們見了第二次面。這次，他們順理成章放開了禁忌，瘋狂地纏綿在一起。表弟想給她幸福，給她安全感，給她一切。

表弟的異樣很快讓妻子發現了。

有時候不得不感慨造化弄人，如果表弟沒有再次遇到小薇，他的生活會一切如常，妻子賢慧，家庭和睦，算得上幸福美滿。縱然他在心裡為小薇留著一寸空間，可是隨著年齡增長，世事變遷，那個位子會逐漸變小，直至成為一個美麗的傳說而已。

可是事實是，小薇再次出現了，而且與表弟有了關係。不管他們的愛情是感人還是遭到唾棄，終究這是一段情。表弟一再想到如何保護她、關心她，可是為什麼會對妻子的感受置之不理？

其實，這份糾結中最受傷的應該是表弟的妻子。她無辜，她痛苦，她不知道如何對待老公的這段婚外情。我不想評判誰對誰錯，我只想告訴表弟媳婦，人生在世，也許每個人心中都有自己的小薇，在她出現時，會瞬間明白什麼叫遺憾。「恨不相逢未嫁時」，恨，是一種情緒的流露，也是對這段情的注解。懂了恨，也就懂了人生。

做為女人，守望是一種幸福。你若不來我便不老，有了這份承諾和等候，還有什麼可懼怕？

表弟媳婦是個聰慧的女人，她決定以自己的力量挽回老公的感情。當表弟從小薇那裡回家時，她打開房門的剎那，沒有憤怒與咆哮，只是淺淺一笑：「親愛的，回來了。」就是這麼一句話，表弟忽然覺得自己和小薇之間的故事已經謝幕，妻子的靜靜等候，才是他今生今世永恆的篇章。

性感什錦糖

你若不來我便不老，這是一種對愛情的貪與癡，也是一種對婚姻的守與望。

偏執的女人，偏執於男人的愛與恨，值得嗎？

當有了婚姻的承諾，有了家的港灣，守望也是一種必然。

世事紛擾，人情易變，缺少守望的信心和勇氣，怎能談永遠？

張小嫻說「永不永不說再見」，其實還沒有深入婚姻的骨髓深處，任何人都不應輕視女人，不然回頭看看你身後的母親，柔中帶剛的女人，自信地支撐家的溫馨，愛的浪漫，她綻放的魅力不僅是小確幸，更是一種永恆的追求和美滿。

打開幸福之門

性感過不了多久就會消耗殆盡，美麗也難免要漸漸褪色，但若能嫁給一個能讓妳天天笑口常開的男人，足矣！

國家圖書館出版品預行編目資料

給平凡的日子加點糖／廖唯真著.
－－第一版－－臺北市：字阿文化 出版；
紅螞蟻圖書發行，2013.8
面　公分－－(Wisdom books ;13)
ISBN 978-957-659-945-3（平裝）

1.兩性關係 2.婚姻

544.7　　　102015818

Wisdom books 13
給平凡的日子加點糖
作　　者／廖唯真
發 行 人／賴秀珍
總 編 輯／何南輝
責任編輯／安　燁
美術構成／Chris' office
校　　對／楊安妮、賴依蓮、周英嬌
出　　版／字阿文化出版有限公司
發　　行／紅螞蟻圖書有限公司
地　　址／台北市內湖區舊宗路二段121巷19號（紅螞蟻科技大樓）
網　　站／www.e-redant.com
郵撥帳號／1604621-1　紅螞蟻圖書有限公司
電　　話／(02)2795-3656（代表號）
傳　　真／(02)2795-4100
登 記 證／局版北市業字第1446號
法律顧問／許晏賓律師
印 刷 廠／卡樂彩色製版印刷有限公司
出版日期／2013年 8 月　第一版第一刷

定價 260 元　港幣 87 元

ISBN 978-957-659-945-3　　Printed in Taiwan